eビジネス新書

No.425

週刊東洋経済

エネルギー戦争

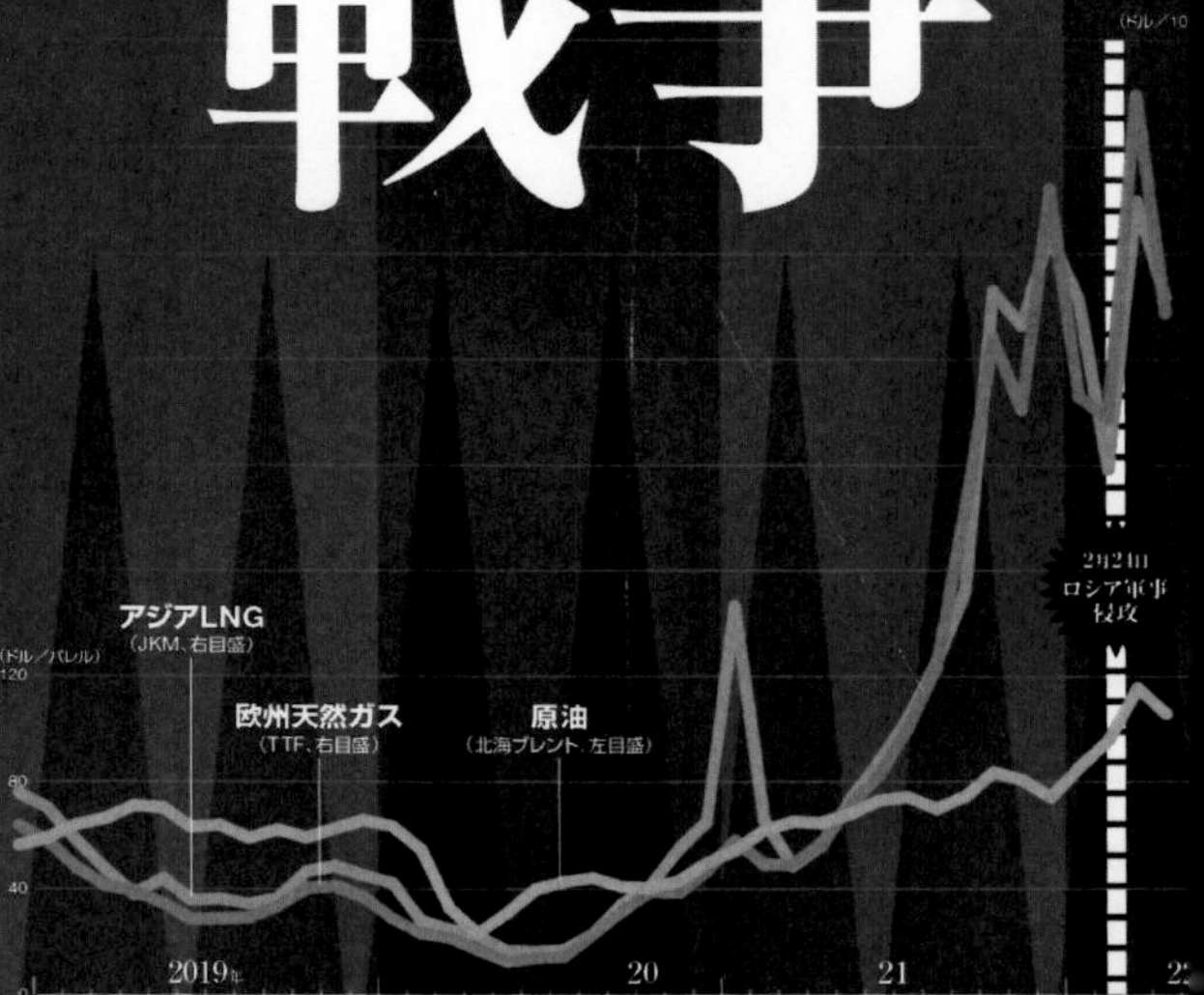

週刊東洋経済 eビジネス新書 No.425

エネルギー戦争

本書は、東洋経済新報社刊『週刊東洋経済』2022年5月28日号より抜粋、加筆修正のうえ制作しています。情報は底本編集当時のものです。（標準読了時間 90分）

エネルギー戦争　目次

ウクライナ侵攻後、原油、天然ガスが暴騰

〝脱ロシア〟でエネルギー秩序が一変

「1カ月後に世界規模の核戦争に至るおそれさえある。すべてはクレムリン（ロシア大統領府）次第だ」

ロシアによるウクライナ侵攻から3カ月。欧州復興開発銀行の初代総裁としてソ連崩壊後の東欧諸国の復興を主導した経済学者のジャック・アタリ氏がそう語るとおり、ウクライナでの戦争は長期化し、混迷を極めている。

戦争が始まった2022年の「2・24」後、世界のエネルギー情勢も一変した。需給が逼迫するとの懸念から、3月7日に原油先物価格は一時1バレル＝140ドルに迫る水準まで急伸。同日、欧州の天然ガス価格（TTF）は、原油換算で400ドル超と過去最高の異常な値をつけた。

欧米諸国はロシアの戦費をそぐために、SWIFT（国際銀行間通信協会）決済網からのロシア排除や、ロシアからの化石燃料への依存度を下げる計画を相次いで表明。すると、3月23日にプーチン大統領は「ロシア産天然ガスを購入する非友好国企業に対して、ルーブルでの支払いを求める」と表明。拒否した場合はガス供給を停止すると警告した。実際に、4月27日にはポーランドとブルガリアへの天然ガス供給を停止した。

ロシア（当時はソ連）は東西冷戦の時代にも西欧諸国にガスを供給し続けた。天然ガスを盾に取りEU（欧州連合）を脅すのは、第2次世界大戦後の歴史で初めてだ。プーチン大統領が引き起こした「エネルギー戦争」は、日増しにエスカレートしている。

供給途絶なら最高値も

今後のエネルギー情勢はどうなるのか。日本エネルギー経済研究所の小山堅専務理事は、「プーチン大統領が政権を握る限り、ウクライナ危機の地政学リスクは2～3年続く」と語る。

小山氏は、ロシアからの化石燃料の大規模な供給途絶が発生しないシナリオでも、原油価格は足元の1バレル＝100ドル前後からプラスマイナス20ドルの高値で荒い値動きが続くと予測する。さらに大幅な供給途絶が起きた場合、「原油・天然ガス価格は過去最高値を一気に更新する」（小山氏）。

日本の供給構造は極めて脆弱だ。日本のエネルギー輸入に占めるロシア産の割合は、石炭が12・5％、LNG（液化天然ガス）が8・8％、原油が3・6％（2021年）。天然ガスの4割超をロシアから輸入するドイツをはじめ欧州各国と比べればロシア依存度は高くない。だが、1次エネルギーの自給率で見た場合、日本はわずか11％と、主要国の中で最低水準だ（20年）。

岸田文雄首相はG7（先進7カ国）の共同宣言と歩調を合わせる形で、4月8日にロシアからの石炭禁輸を、5月9日に石油禁輸を表明したが、「禁輸の時期は実態を踏まえ検討していく」とした。すでに石油・天然ガスの禁輸に踏み切った米国や、年内の石油禁輸案を打ち出したEU（一部加盟国が反対）とは異なり、時期の明言を避けた格好だ。

欧州のロシア依存度が高い

資源輸入量に占めるロシアの割合

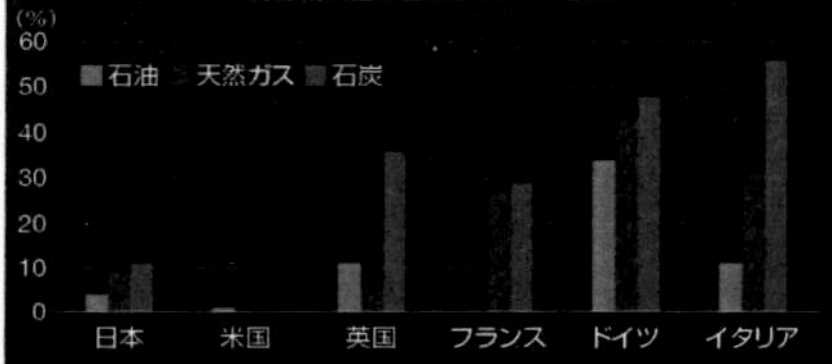

(注)日本は貿易統計2021年速報値、ほかは20年
(出所)経済産業省の資料を基に東洋経済作成

日本は資源を持たない

―主要国の1次エネルギー自給率―

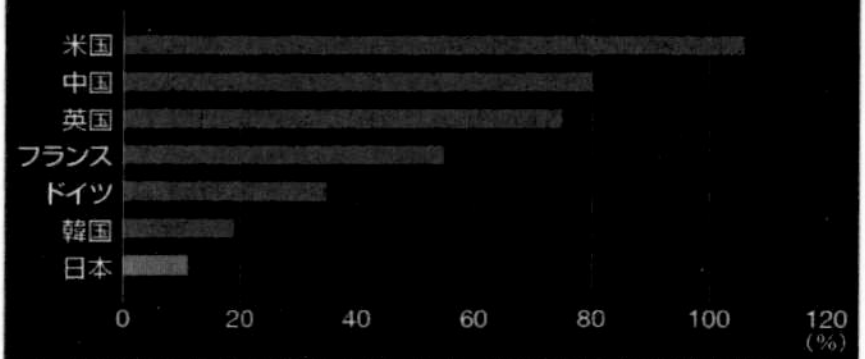

(注)中国は2019年、ほかは20年。1次エネルギー供給に占める自国の生産比率
(出所)IEA「World Energy Balances」を基に東洋経済作成

欧米のエネルギー制裁に日本は追随

―ロシア産資源に対する各国の制裁―

	石炭	石油	天然ガス
米国	禁輸		
英国	禁輸(2022年末までに)		追加対応を検討
EU	禁輸(既存契約は8月まで猶予措置)	禁輸を提案(一部加盟国が反対)	追加対応を検討
日本	禁輸(時期を示さず段階的削減)	禁輸(時期を示さず段階的削減)	―

(注)5月12日時点　(出所)現地報道を基に東洋経済作成

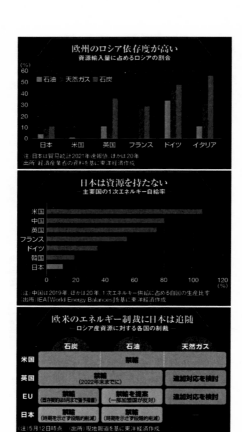

日本政府が警戒するのは、官民で参画するロシア極東の石油・天然ガス開発プロジェクト「サハリン1」「サハリン2」への制裁影響だ。中でも、三井物産（12・5％）と三菱商事（10％）が出資するサハリン2は、ロシアから輸入するLNGの大半を生産している。

「サハリン1の原油は代替調達できるが、サハリン2のLNGはすぐには代替が困難。高騰したスポット市場で調達するとなると、国内の電力・ガス会社に深刻な影響が出る」と、商社関係者は語る。

天然ガスの供給途絶はロシア、EU双方の経済にとってダメージが大きく、その禁輸措置は最後の手段となる。だが、石油天然ガス・金属鉱物資源機構（JOGMEC）の野神隆之首席エコノミストは、「侵攻の長期化がガス途絶のトリガーになりかねない」とみる。

「ロシアが東部2州だけでなく、ウクライナ全土を併合しようという動きになったとき、EUが石炭、原油に続いて、天然ガスの禁輸制裁に踏み切る可能性は否定できない。ロシア側から突如、停止されるリスクもある」（野神氏）

原発待望論が高まる

ＩＥＡ（国際エネルギー機関）の試算によれば、脱炭素化の流れもあり、欧米の石油メジャーが行う資源上流への投資額は１５～２１年に約５割減少した。相対的に、ロシア企業や中国、中東の国営石油会社の存在感が高まっている。

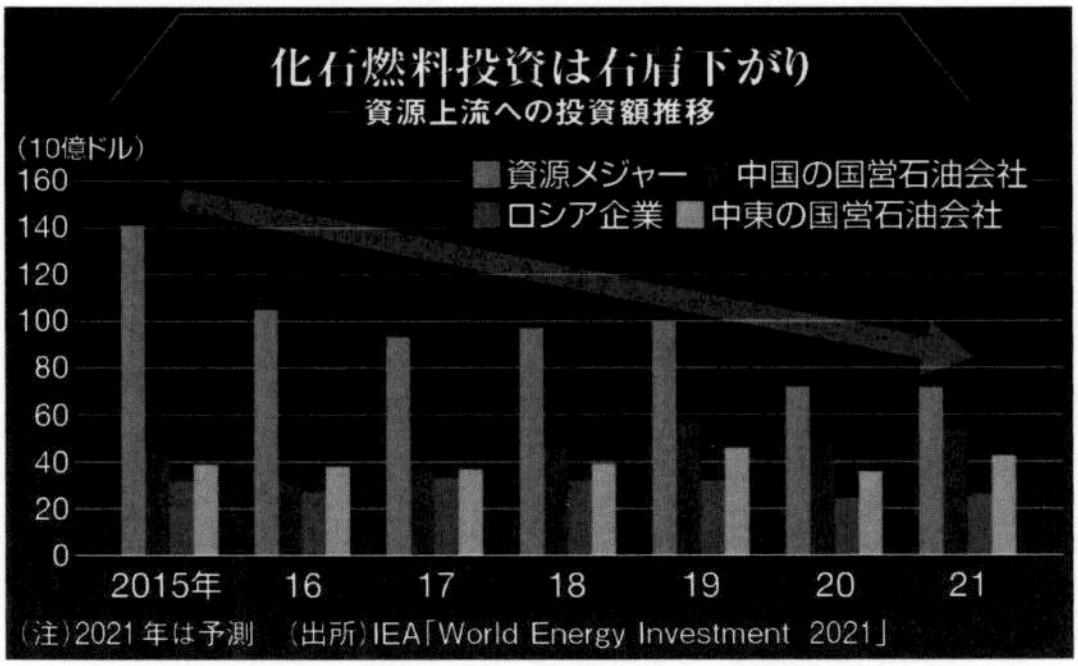
化石燃料投資は右肩下がり
資源上流への投資額推移
(10億ドル)
160
140
120
100
80
60
40
20
0
資源メジャー
中国の国営石油会社
ロシア企業
中東の国営石油会社
2015年
16
17
18
19
20
21
(注)2021年は予測　(出所)IEA「World Energy Investment 2021」

ＩＥＡのチーフエネルギーエコノミスト、ティム・グルド氏は「エネルギー転換と地政学が密接に重なる現在、特定地域の供給先に頼ってはならない。今は天然ガスが焦点だが、次はリチウムかもしれない」と警鐘を鳴らす。

日本経済への影響も深刻だ。資源高による影響で、２０２１年度の貿易収支は１兆６５０７億円の赤字と前年度から５兆円以上悪化、経常収支は黒字を維持したものの7年ぶりの低水準に落ち込んだ。燃料高により家計が圧迫されるほか、新電力の撤退が相次ぎ、電力の法人契約を断られる「電力難民」も続出している。

ウクライナ危機を受けて、英国は２０３０年までに最大8基の原発を新設する計画を表明した。日本の産業界でも原発待望論が高まるが、使用済み核燃料の問題は未解決のまま。再稼働や新増設には国民的議論が不可欠だ。

２０５０年のカーボンニュートラル（温室効果ガス排出実質ゼロ）目標を達成するためにも、再生可能エネルギーや送電網への投資は待ったなしだが、エネルギー供給構造の転換には時間がかかる。

エネルギー資源の9割を海外からの輸入に依存する日本は、「エネルギー戦争」で無傷ではいられない。日本のエネルギー課題について、アタリ氏は「発想の転換が必要だ。最良のエネルギー政策はエネルギーの消費を減らすこと」と説く。供給の多角化を進めると同時に、需要側での対策も含め、ありとあらゆる手で危機を克服する努力が求められる。

ロシアによるウクライナ侵攻後の主な出来事

・2月24日：親ロ派住民の保護を名目にロシア軍がウクライナ侵攻開始。チョルノービリ（チェルノブイリ）原発を占拠
・2月26日：欧米がSWIFT（国際銀行間通信協会）からのロシア排除を発表
・2月27日：プーチン大統領が核戦力を「特別態勢」に移すよう指示
・2月28日：英シェルがサハリン2からの撤退方針を表明
・3月4日：ロシア軍がウクライナ南東部のザポリージャ原発施設を攻撃
・3月7日：原油先物価格が一時1バレル＝140ドル近くまで急伸。（13年ぶりの

高値)、欧州の天然ガス価格が最高値更新
・3月8日：バイデン米大統領、ロシア産の石油や天然ガスの輸入禁止を表明
・3月9日：EUが2030年までにロシアへの化石燃料依存度を低減させる「RE-PowerEU」計画を発表
・3月14日：国連のグテレス事務総長が「核戦争」への強い危機感を表明
・3月23日：プーチン大統領が、ロシア産天然ガスを購入する非友好国企業にルーブルでの支払いを求める
・3月28日：G7臨時エネルギー相会合で、ルーブル支払いの要求を拒否する共同声明
・3月31日：岸田文雄首相が衆院本会議でサハリン2から撤退しない方針を発言
・4月2日：ウクライナ政府、首都キーウ（キエフ）周辺地域の奪還を発表。首都近郊ブチャでの住民虐殺の動画が投稿される
・4月6日：英国政府、30年までに原子力発電所を最大8基新設する新たなエネルギー計画を発表

・4月7日：G7、ロシアからの石炭輸入の段階的な禁止を含む首脳声明を発表
・4月27日：ロシアの国営ガス会社がポーランドとブルガリアへの天然ガス供給を停止
・5月8日：G7、ロシア産石油の輸入を段階的に禁止する方針を表明
・5月9日：対独戦勝記念日でプーチン大統領が演説、軍事侵攻を正当化
・5月12日：フィンランドがNATO加盟申請を表明
（注：2022年・現地時間）

（秦　卓弥）

「サバイバル精神が最強の外交となる」

経済学者・思想家・作家　ジャック・アタリ

欧州復興開発銀行の初代総裁などを務めた経済学者・思想家のジャック・アタリ氏。1991年のソ連崩壊や2008年の世界金融危機などを予言した「欧州の知性」は、戦争の行方と日本のエネルギー事情をどうみるのか。

――6年前の著書で、新型コロナウイルス感染症の世界的な流行だけでなくウクライナ危機も予測していました。今後の戦争の行方をどうみていますか。

この戦争は、1週間後に終結するかもしれないし、長期化することもありえるだろう。核兵器や化学兵器などの非通常兵器を用いる戦争になる、またウクライナの戦火がモルドバやポーランドに飛び火することも十分に考えられる。

さらには、1カ月後に世界規模の核戦争に至るおそれすらある。すべてはクレムリン（ロシア大統領府）次第となる。世界は一丸となってロシアの暴走を阻止すべきだ。

――新冷戦後の世界を占ってください。ロシアは中国と親密になり、両国と民主主義陣営との亀裂はさらに深まるのでしょうか。

私は、偉大な歴史と文化を持つロシアが再びヨーロッパの大国になり、EU（欧州連合）に加盟するという見通しを捨てていない。中国も同様だ。中国もいずれ民主国家になるだろう。

もっとも、ロシアと中国が民主化するまでには、数多くの社会的混乱が生じるおそれがある。強調しておきたいのは、独裁者同士が同盟を結ぶと、世界だけでなく彼らの国民も極めて深刻な状況に陥るということだ。独裁体制下では国民の生活レベルを高い水準に保ち続けることができないからだ。

――ロシアと中国はいずれ民主化するという根拠は何ですか。

独裁政権下では、市場経済は持続的に機能しない。なぜなら、市場には安定した法規制が必要であり、とくに所有権を確約しなければならないからだ。ところが、法全般や私有財産に対する恣意的な支配こそが独裁政権の特性となる。

そして独裁政権下では、批判的な考察やイノベーションに不可欠な透明性を育むことができない。これはチリやソビエト連邦などの例からも明らかだ。

脱炭素は加速する

――ロシアにエネルギー資源を依存してきた欧州諸国の中には、資源高によるインフレの進行や原発新設の動きも見られます。エネルギーの「脱ロシア」は、世界にどのような影響を及ぼすでしょうか。

脱ロシアにより、ＥＵ諸国は持続可能なエネルギーへの移行を加速させ、脱炭素社会の模範生になるだろう。

ＥＵ諸国は知性と創造力が富の源泉となる調和のとれた「命の社会」を実現していく。他国もこのＥＵモデルに追随するはずだ。一方、産油国は新たな富の源泉を早急に見つけ出す必要が出てくるだろう。

――そうはいっても、世界経済は深刻な景気後退に陥る懸念はないでしょうか。

いや、そうはならない。今回の危機にかかわらず、化石エネルギーからの脱却は既定路線だった。この移行が実現すれば、欧州諸国は先行者利益を得ることができる。

――迫りくる危機と世界の分断化に直面し、世界はアタリ氏の説く「命の経済」から「死の経済」へ向かっているようにも見えます。今後、脱炭素化の潮流はどうなるとみていますか。

私は著書などを通じて、「死の経済」から一刻も早く抜け出し、「命の経済」へと移行しなければならないと繰り返し説いてきた。というのも、これは人類のサバイバル（存続）に関わる問題だからだ。

もたもたしていると、人類は消滅してしまう。われわれはこの移行を実現させるために全精力を注ぐ必要がある。日本も「命の経済」のモデルになれるだろう。

――エネルギー資源の大部分を海外からの輸入に依存する日本の供給構造は脆弱です。日本はどのようにエネルギーの安定供給を確保すればよいでしょうか。

発想の転換が必要だろう。最良のエネルギー政策は、エネルギーの消費を減らすことにある。日本の課題は、化石エネルギー、さらには他国への依存を減らす社会をつくり出すことだ。

例えば、医療、教育、健全な食などの分野を軸に、情報テクノロジーを活用する社会を構築するしかない。歴史を振り返ると、こうした社会は日本文明の美徳と見事に合致している。

――省エネ対策のヒントはありますか？

さまざまな対策が考えられる。第1に、非物質的な活動を育成することだ。読書、執筆、会話、音楽、絵画、茶道などは、エネルギーを必要としない活動になる。私が「命の経済」に分類する医療、教育、スポーツなどもエネルギー消費量が少ない。これらの活動に消費を誘導していくべきだろう。

――ウクライナ危機以外に注視すべき地政学リスクはありますか。

例えば、北方領土や台湾の支配をめぐって戦争が勃発するおそれがある。イランをはじめとする中東地域も注視すべきだろう。戦争の脅威以外にも、アフリカでの飢饉や新たな感染症の世界的大流行も警戒する必要がある。

これらの脅威を予測しておくのは、危機を回避して「命の経済」への移行を加速させることにつながる。最悪の事態を頭に入れておけば、最善の策を実行する原動力を見いだすことができる。

――ロシアとの北方領土をめぐる紛争や中国の台湾侵攻が起きた場合、日本は自国の戦力だけで防げるとは思えません。最悪の事態を回避するための、日本の外交戦略のポイントは何でしょうか。

ウクライナがロシア軍の侵攻を食い止めることができると予想した者は誰もいなかったはずだ。軍隊は、国民が自国文明の存続のために命を落とす覚悟があってこそ威力を発揮する。サバイバル精神こそが最強の外交となるだろう。

【3つのポイント】

①ロシアと中国が民主化に向かうまで混乱は続く
②化石資源脱却は既定路線欧州は先行者利益を得る
③最良のエネルギー政策へ消費と他国依存を減らせ

(聞き手・秦　卓弥)

ジャック・アタリ(Jacques Attali)

1943年アルジェリア生まれ。81年仏大統領特別顧問、91年欧州復興開発銀行総裁など要職を歴任。「欧州最高の知性」と称されるフランスの知識人。著書に『命の経済』『2030年ジャック・アタリの未来予測』『21世紀の歴史』『国家債務危機』など多数。

燃料高で「電力難民」急増の危機

電気料金の値上げを受け入れるか、解約の申し込みをしていただきたい。さもなくば、当社側で契約を打ち切らせてもらいます――。

東京電力グループの新電力会社テプコカスタマーサービス（東京・港区、以下TCS）による一方的な電気料金の大幅値上げの提示が独占禁止法違反（優越的地位の濫用）に当たるとして、関西地区の顧客企業が公正取引委員会に排除措置命令を出すように求めていることがわかった。

公取委に申告書が送付されたのは2022年4月27日。関係者によれば、申告に加わった企業は5月中旬現在までに400社を超えるという。

TCSは卸電力価格高騰を理由として、従来の2倍を上回る大幅値上げに動いた。

4月7日付で顧客宛てに出した文書によれば、「このたびの東欧情勢を踏まえると電源調達費用の上昇が解消される見込みが立たない状況になっている」と書かれている。趣旨は大幅値上げだが、指定の期限内に値上げに承諾しなければ契約解除も辞さないとしている。

「関西地区あるいは全国規模で事業からの撤退を進めようとしていて、その一環として大幅な値上げを顧客に通告しているということか」との東洋経済の質問に対し、TCSの広報担当者は「事業の撤退を進める一環として料金の見直しをお願いしているわけではない」と回答している。

しかし、関西地区では値上げの通知は広範囲の顧客に送られているもようで、同社の対応に不信感を抱いている企業は少なくない。

売れば売るほど赤字拡大

値上げの背景には、卸電力価格の高騰がある。TCSのように、自社で発電所を持たない新電力会社は、電力の調達量の多くを卸電力市場に依存している。

発電用燃料である液化天然ガス（ＬＮＧ）価格の高騰に端を発した、昨秋からの日本卸電力取引所における卸電力価格の上昇は、２０２２年２月のロシアによるウクライナ侵攻を機にさらに加速した。３月の平均価格は１キロワット時当たり２６円に跳ね上がった。２０２１年の同じ月の４倍を上回る超高値だ。

企業に供給される電力（高圧契約）の小売価格は１キロワット時十数円程度であるため、卸電力取引所に多くを依存する新電力会社は売れば売るほど赤字が拡大する。その結果、新規の顧客獲得を取りやめる事例が続出。撤退や倒産に追い込まれた新電力も急増している。

他方、新電力の電力調達のポートフォリオには、価格上昇が比較的緩やかな大手電力会社や大手企業の自家発電設備などからの相対調達が含まれているケースもある。卸電力価格の高騰がどの程度原価高に直結するかは会社ごとに異なる。そのため、卸電力価格高騰から受ける影響はさまざまであり、営業エリアによっても異なる。

新電力会社の多くで契約の維持が困難に直面していることは確かだが、値上げに際して丁寧な説明が必要であることは言うまでもない。解約をちらつかせた大幅値上げの提示は、あまりに一方的だと言わざるをえない。

なお、新電力会社が倒産したり、顧客の料金滞納などで契約を打ち切られたりした場合、大手電力会社グループの送配電会社が「最終保障供給」と呼ぶ特別なセーフティーネットを用意している。同契約を結べば、従来と同様に電気の供給を受け続けることができる。実際に最終保障供給の契約件数は急増している。

■ セーフティーネットへの「駆け込み」が急増
―最終保障供給の契約件数―

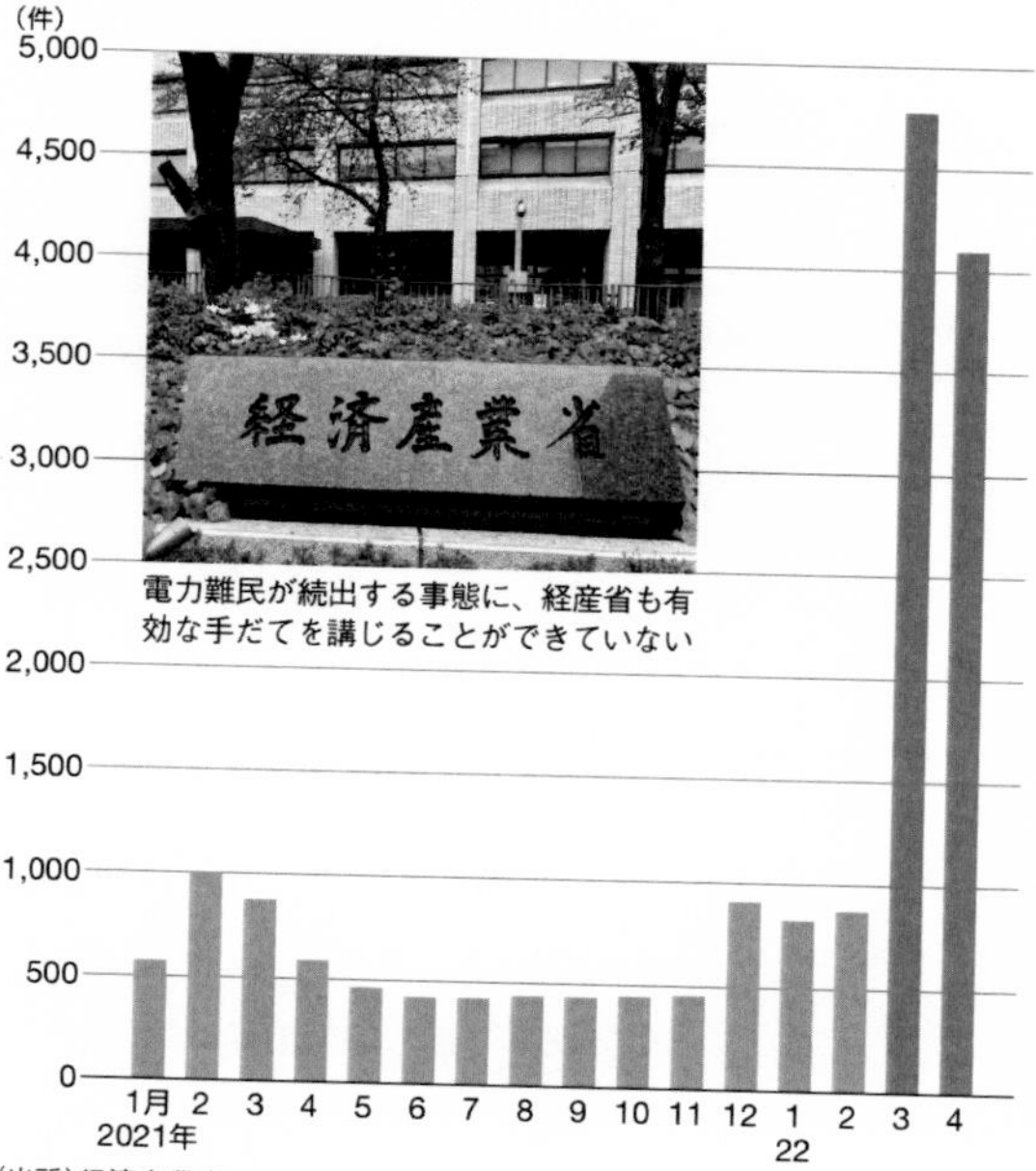

電力難民が続出する事態に、経産省も有効な手だてを講じることができていない

（出所）経済産業省

ただ、大手電力会社の通常の料金メニューと比べると2割程度割高となる。新電力と契約する顧客の多くは大手電力の通常料金よりも割安な条件で契約を結んでいるため、最終保障契約への切り替えは大幅なコスト増になる。実質的な大幅値上げを伴う最終保障供給料金制度の見直しも経済産業省で検討されている。

今回、TCSはほかの電力会社への切り替えもしくは送配電会社への最終保障供給契約の申し込みを顧客に促している。ただ、他社が手放した顧客の受け入れに応じる電力会社は大手、新電力とも極めて少ない。大幅値上げを通告された企業はそれを受け入れるか、割高な最終保障供給契約を結ぶ以外に手だてがないのが実情だ。

「電気代が2倍以上に上がったら、やっていけない」

東大阪市でプラスチック成形加工業を営む足立鉄工所の雲井克典工場長は、TCSから届いた通知文の内容を見て「とても受け入れられない」と話した。

金型の製作や成形品の製造で電気代がかかるため、少しでも安くしたいという思いから3年前にお得な料金を売りにしていたTCSと契約を結んだ。ところが、今回の値上げにより、1カ月の電気代は従来の2倍を上回る50万円以上に跳ね上がる見通しだという。同社はＴＣＳの通知内容を見て、関西電力の送配電子会社に最終保障供給契約に関する相談をした。

しかし、雲井工場長によれば、関電の送配電子会社の対応は予想外だったという。「相手先の小売電気事業者が倒産したり、先方から実際に契約を解除されたりしたならば相談をお受けするが、電力の供給を受けている状況での相談には応じかねるという姿勢だった」と雲井工場長は振り返る。

送配電会社の最終保障供給契約の料金水準は大手電力会社の標準契約と比べて2割程度割高だ。とはいえ、現在の燃料価格を前提とした場合、送配電会社であってもコストに見合わず、契約が増えるほど赤字がかさむ。そのため送配電会社側も、安易に顧客の受け皿とされることに警戒感を強めているようだ。今回切り捨ての憂き目に遭った企業の多くは、こうした電力業界特有の事情に翻弄されている。

電気代は実質3～4倍も

ＴＣＳに顧客を仲介し、今回公取委への申告書の代表申告者となった日本電気保安協会（大阪市）によれば、ＴＣＳによる4月の値上げ通告は２０２１年１１月に次いで2度目だ。「昨今の燃料費高騰分も含めると実際の料金水準は最初の値上げ以前の3～4倍になるケースも少なくない」という。

ＴＣＳの顧客宛て通知文によれば、6月１３日までに値上げを承諾しないまたは解約に応じない場合には、6月３０日をもって同社側で解約するとしている。

その根拠として同社は電気需給約款の記述内容を引用している。そこには発電用燃料費や卸電力価格の高騰などが生じ、その状態が解消される見込みが立たない場合は料金を適当な水準に見直すため、顧客と同社で協議すること、そして協議が不調のまま推移した場合、契約期間中であっても電力の契約を解除できるとしている。

しかし、こうしたＴＣＳの姿勢について、日本電気保安協会の代理人弁護士は優越的な地位の濫用に当たると指摘する。

「ＴＣＳと電力の契約を結んでいる企業は、ほかの電力会社が新規受け付け停止の措置を取っている現在、取引先を変更できる余地はほとんどなく、ＴＣＳとの取引の継続が困難になることは経営上大きな支障を来す」

そのうえで著しく高い単価での取引を要請し、企業側がこれを受け入れざるをえない場合には、優越的地位の濫用として問題になるという。値上げに際して顧客との間で十分な協議が行われたかも問われるという。

東洋経済の取材に対してＴＣＳの広報担当者は「お客様にご理解いただけるよう、引き続き丁寧に説明していく」と答えた。

しかし、前出の雲井工場長は「電話してもつながらない。なぜ倍を上回る値上げが必要なのかについても、満足な説明はない」と答えている。

契約期間中であるにもかかわらず、解約の通知をいきなり顧客に送りつける新電力もある。丸紅新電力は3月、電力調達価格の高騰に加え、足元での電力供給量を確保することが難しいことを理由として、「6月30日をもって契約を終了する」という通知を一部の顧客企業に送付した。受け取った東日本の企業は、運よく切り替え先の新電力を見つけ出して新たに契約を結び、難を逃れた。

大手電力も「お断り」

大手電力会社の対応も厳しい。現在、多くの大手電力は、新電力の顧客からの契約申し込み受け付けを事実上「お断り」している。次表では大手10電力会社の対応状況について示した。北海道電力と沖縄電力を除く8社で、申し込み受け付け自体を中止、もしくは受け付けはしているものの実態としては対応困難となっている。

実はそうした実態は最近になるまで明らかにされていなかった。4月15日の記者会見で「(ホームページ上で)開示するのが望ましい」と萩生田光一経産相(当時)がコメントするまで大手各社はそうした対応の事実をホームページで開示していなかった。

■北海道と沖縄を除き、事実上「受け付け停止」状態に
―大手10電力会社の新電力からの契約切り替え対応状況―

社名	各社の説明内容	ホームページ上の開示時期
北海道電力	申し込み受け付けを停止している事実はない	とくに記載なし
東北電力	原則として契約を見送らざるをえない状況	4月16日
東京電力エナジーパートナー	申し込み受け付けは停止していない。協議が調わなかった場合には提案を差し控えている	4月18日
中部電力ミライズ	現在、申し込み受け付けを原則中止している	4月18日
北陸電力	3月上旬以降、申し込み受け付けを一律停止	4月18日
関西電力	4月から申し込み受け付けを停止	4月18日
中国電力	新規申し出を受け付けるのが難しい状況	4月15日
四国電力	3月下旬から申し込み受け付けを一律停止	4月15日
九州電力	3月から契約切り替えを一律で一時停止	4月18日
沖縄電力	昨今の外部環境の変化を理由として申し込みを断ることはしていない	とくに記載なし

（注）対象は特別高圧および高圧　（出所）各社への取材を基に東洋経済作成

新電力からの契約切り替えの受け付けを停止している理由について、大手電力会社は東洋経済の質問に次のように回答している。

「燃料価格が高騰している現状で追加供給力を市場から調達すると、調達コストを加味した料金は、標準的な小売料金の1・2倍の最終保障供給料金よりも高くなる可能性がある。また、その状況下で調達コストよりも安い価格で契約すると不当廉売に当たるおそれがあると政府の審議会でも指摘されている」（九州電力）

そうした理由により、大手電力の多くが新電力の顧客の契約切り替えを受け付けていない。なお、中部電力は「新たな選択肢となりえる料金メニューの検討を進めており、5月中には顧客への提案を開始したい」と東洋経済の質問に答えている。

このように大手の一部で変化の兆しはあるが、企業が入り込んだトンネルの出口は見えない。電力難民の救済は、いまだ手探りの状態だ。

（岡田広行）

原発は武力攻撃に耐えられない

ロシアによるウクライナへの軍事侵攻では、原子力発電所が武力攻撃の対象となるという、歴史上初めての事態に見舞われた。

ロシア軍は、史上最悪の事故を起こして廃炉作業が進められているチョルノービリ（チェルノブイリ）原発および6基の原子炉を擁する欧州最大規模のザポリージャ原発を武力攻撃により占拠。チョルノービリ原発からは撤退するも、現在もザポリージャ原発を支配下に置いている。

そもそも、原子力エネルギーの発電への利用は「原子力の平和利用」の一環だ。核不拡散条約においても、原子力の平和利用は、核軍縮、核不拡散と並ぶ3本柱の1つとされている。平和利用は、他国を侵略しないという国際法の原則順守が大前提だ。

また、ジュネーブ条約では、万が一損傷した場合に住民が被る損害の大きさを理由に、ダムや堤防などとともに原発を武力攻撃することを禁止している。核不拡散条約およびジュネーブ条約のいずれもロシアは批准している。

しかし、今回ロシアが核兵器の使用を示唆するとともに、原発を攻撃したことは、第2次世界大戦後の国際秩序の根幹である原子力の平和利用の前提を、核保有国自らが崩壊させたことに等しい。そのことの重大性は計り知れない。

矛盾する日本の姿勢

ウクライナの危機的事態は、日本にとっても遠い国の出来事ではなくなっている。2022年に入って、北朝鮮はすでに15回にわたりミサイルを発射している。韓国政府は、北朝鮮による核実験準備の兆候があると指摘している。

こうした中、日本国内でも原発に対する武力攻撃への備えを強化すべきだとの声が高まっている。自民党は4月26日に「新たな国家安全保障戦略等の策定に向けた提言」を発表。自衛隊が原発の警護をできるようにすべく、法的な検討を行うことなどを提言書に盛り込んだ。

全国知事会も3月30日に、原発に対する武力攻撃への備えを強化するよう磯崎仁彦官房副長官に求めた。

しかし、原発はミサイル攻撃に対処できるようには造られていない。山口壯・原子力防災担当相（環境相）は5月13日の記者会見で「ミサイルが飛んできて、それを防げる原発は世界に1基もない」と発言。「戦争が起こらないように外交上の努力を強めることが最大のポイントだ」と明言した。

原子力規制委員会の更田豊志委員長も、原発が武力攻撃を受けた場合の対処は困難だとしたうえで、「著しい炉心損傷を伴う事故に至る可能性は当然ある」と3月16日の記者会見で述べている。

原発事故の再発防止のために発足した原子力規制委は、新たな規制基準に基づいて原発の安全対策を審査している。しかし、更田氏は同9日の会見で「武力攻撃を仮定して審査しているわけではない」とも語っている。

ウクライナをめぐる問題で憂慮すべきなのは、「武力攻撃を受けているにもかかわらず、原発の稼働が続けられていることにある」（原子力資料情報室の松久保肇事務局長）。その理由について松久保氏は、原発に依存するウクライナの電力事情や、政府と電力業界の関係の深さを指摘する。5月12日時点でもウクライナでは15基中7基の原発が稼働しており、発電量の約7割を原発が賄っている。

こうした現状について、松久保氏は「原発なしでの電力供給が厳しいことに加え、原発の電力が外貨獲得の手段となっていることが背景にある。エネルギー相も原発企業の元副社長が務めている」と解説する。

原発の稼働を停止すれば、核燃料が発する崩壊熱の熱量は急速に減少し、危険性は低下する。しかし、リスク低減に必要なそうした手だてすらままならないのが実情だ。

電力事情が厳しさを増す中、日本でも自民党や経済界は原発利用を拡大せよとの声を強めている。ウクライナの危機的な現状を日本は直視すべきだ。

（岡田広行）

待ったなしのユーザー側エネルギー対策

東京電力ホールディングスは２０２２年4月２８日、「長期的なエネルギーの安定供給とカーボンニュートラル（二酸化炭素〈ＣＯ２〉排出実質ゼロ）の両立に向けた事業構造改革」をテーマとした、小林喜光会長および小早川智明社長による記者会見を開催した。

会見では、カーボンニュートラル実現を目指して、「２０３０年度までに最大3兆円」としていた従来の投資目標を、他社とのアライアンスを前提に「その3倍以上」に引き上げるという野心的な構想が示された。それとともに、新たに打ち出されたのが電力の「需要側」の取り組みの本格化だ。

日本最大の電力会社である東電は、原子力発電所をはじめとした大規模な電力設備の建設を通じて、戦後長きにわたって電力需要の増大に応えてきた。

ところが、2000年代に入ると産業構造の転換とともに電力需要がピークアウトし、投資効果が低下した。さらに原発事故に加え、昨今の脱炭素化の流れに続いて液化天然ガス（LNG）など化石燃料の価格が高騰するに及んで、今までのような火力発電中心の事業運営が難しくなっている。そこで打ち出されたのが、需要側での取り組みの強化という考え方だ。

「費用対効果を考えるとメリットが大きい」（小早川社長）というのがその理由だ。具体的には太陽光発電や蓄電池の導入拡大、電化の促進といった、顧客に関連したサービスを強化する。これにより、脱炭素化と電力の安定供給の両立を実現しようというのだ。

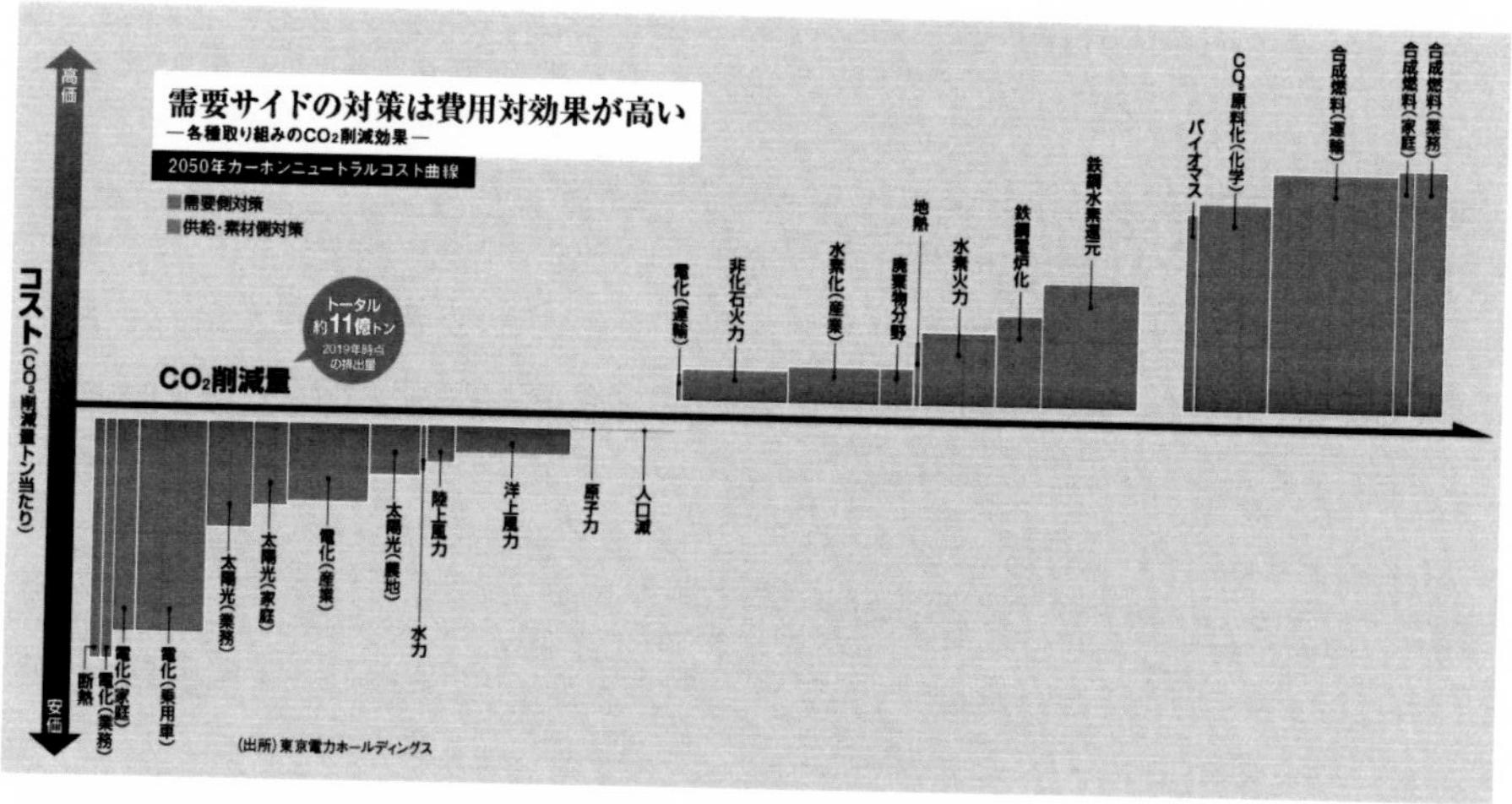

需要サイドの対策は費用対効果が高い
―各種取り組みのCO2削減効果―
2050年カーボンニュートラルコスト曲線
需要側対策
供給・素材側対策
コスト（CO2削減量トン当たり）
高価
安価
CO2削減量
トータル
約11億トン
2019年時点の排出量
断熱
電化（業務）
電化（家庭）
電化（乗用車）
太陽光（業務）
太陽光（家庭）
電化（産業）
太陽光（農地）
水力
陸上風力
洋上風力
原子力
人口減
電化（運輸）
非化石火力
水素化（産業）
廃棄物分野
地熱
水素火力
鉄鋼電炉化
鉄鋼水素還元
バイオマス
CO2原料化（化学）
合成燃料（運輸）
合成燃料（家庭）
合成燃料（業務）
（出所）東京電力ホールディングス

効率がよい需要側の対策

先の図は東電の発表資料からの抜粋だ。この図では、CO2の削減に関して費用対効果が示されている。図から一目瞭然だが、断熱や太陽光発電、電気自動車、電化といった顧客側（需要側）の取り組みは、CO2の削減を進めるうえで最も費用対効果が高いとされている。

それに対して、水素や合成燃料などの次世代エネルギーは、まとまった量のCO2削減につながるものの、コスト面で実用化のハードルが高い。つまり需要側による取り組みの強化こそが、脱炭素化への近道だといえる。

そのカギとなる取り組みはすでに始まっている。東電グループで電力小売り事業を展開する東京電力エナジーパートナー（東電EP）は1月25日、ダイキン工業などと共同開発した「おひさまエコキュート」（昼間に蓄熱するタイプの貯湯式ヒートポンプ給湯機）を活用した新たな電力サービスを発表した。

「エネカリプラス」と称した新サービスでは、東電が戸建て住宅の屋根を借りて設置した太陽光発電設備を住宅の持ち主が利用してその電力を自家消費する。ユーザーが希望すれば、家庭用蓄電池やエコキュートも利用できる。

ダイキン工業によれば、太陽光発電の電気を使ってエコキュートでお湯を沸かすことにより、給湯に伴う光熱費を「ガス給湯器＋太陽光発電」の場合と比べて約64％、CO2排出量については74％も削減できるという（4キロワットの太陽光発電設備の設置など、一定の条件設定に基づき同社が試算）。

同サービスが注目されるのは、原発など夜間電力の活用を前提としてきた従来のエコキュートの使い方を見直し、昼間の利用に切り替えたためだ。太陽光発電の電力を有効活用して昼間にお湯を沸かし、冷めないうちに利用する。今後の脱炭素社会において定番のサービスとなる可能性を秘めている。

断熱性能の向上が急務

日本は2050年カーボンニュートラルを国際公約にしている。エネルギー分野では化石燃料を使わないことがカーボンニュートラル実現の前提条件となる。また、ロシアのウクライナ侵攻による化石燃料価格の高騰に直面し、化石燃料の使用量の大幅な削減は急務になっている。そのために最も有効な方策が省エネルギーの徹底であり、省エネで減らせなかったエネルギー消費を再生可能エネルギーの利用に置き換えることだ。

日本の20年度の温室効果ガス排出量はCO2換算で約11・4億トンに上る。そのうち約3分の1を、住宅やビルなど建築物からの排出が占めている。つまり、住宅などの需要側でCO2を大幅に削減することが、カーボンニュートラル実現やエネルギー危機克服のうえでの必要条件となる。

その際、住宅・建築分野では、「まず第1に省エネの方策として、建築物の断熱化を徹底的に進める必要がある」と、東北芸術工科大学の竹内昌義教授は指摘する。

建築分野におけるエネルギー問題の専門家である竹内教授によれば、「日本での住宅の最大の問題は断熱性能の低さにある」という。

既存の住宅ストック（約5000万戸）のうち、現行の省エネ基準を満たしている住宅は11％しかなく、無断熱の住宅は30％を占めている（18年度時点）。
「日本の住宅はエネルギー効率が低く、欧米と比べて断熱への対応は20〜30年も遅れている。寒い住宅が原因で、年間に約1万9000人が入浴中に命を落としている」（竹内教授）

断熱性能が劣悪な住宅は、無駄なエネルギー消費が多い。竹内教授の試算によれば、ドイツの研究所が規定する、世界で最も厳しい住宅の省エネ基準と比べて、日本の省エネ基準の住宅では、床面積当たりで約7倍もエネルギーを消費する。国の省エネ基準を満たした住宅ですらこのありさまだ。

そこで竹内教授は窓ガラスやサッシの改良などによる、断熱性能の抜本的な引き上げを提唱している。具体的には現在の省エネ基準と比べてエネルギー使用量が半分で済むように、住宅の断熱性能を強化させる。これは、一般社団法人「20年先を見据えた日本の高断熱住宅研究会」（通称「HEAT20」）が決めた3つのグレードの中間レベルにあたる「G2レベル」に相当する。

そのうえで、一般家庭に標準的に導入されている4~5キロワットの太陽光発電設備と組み合わせることにより、「事実上のゼロエネルギーハウスが実現する」(竹内教授)。

政府は25年に現行の省エネ基準をすべての新築住宅に義務化すべく、建築物省エネ法の改正法案を国会に上程する方針だ。竹内教授はそのことを評価したうえで「目標としては不十分。さらに先を見据えた取り組みを急ぐべきだ」と指摘する。

政府は21年新たに策定したエネルギー基本計画で30年度に温室効果ガスの46%削減目標(13年度比)を掲げている。その目標を実現するには、住宅分野では60%以上の削減が必要だとされる。しかし、現時点では目標達成を裏付けるだけの施策は決まっていない。断熱を含めて住宅分野での取り組みを急ぐ必要がある。

注目が高まるDR

断熱とともにエネルギー需要削減の方策として注目されているのが、電力需要を増減させる「デマンドレスポンス（ＤＲ）」の取り組みだ。３月22日に東日本を襲った電力需給の逼迫に際し、東電ＥＰなどは非常用発電機の出力を増やすなどのＤＲの対応を顧客企業に要請。一定の効果を発揮した。

■各社の需要抑制への取り組みは本格化しつつある
―各社のデマンドレスポンスに関する取り組み内容―

会社名	具体的な取り組み内容
東京電力エナジーパートナー	3月22日の需給逼迫時に、**鉄鋼、化学など素材系メーカー**中心にデマンドレスポンスを実施。対象件数は約400件、調整規模は最大時に49万～50万キロワット
エナリス	カーシェアリングのREXEVと、**電気自動車**に蓄えられた電気を活用した調整力の提供を今夏から開始
サミットエナジー、JCOM	J:COM電力加入者を対象に、2021年12月から22年2月にかけてデマンドレスポンスの実証実験を実施。**節電量に応じてAmazonギフト券を付与**
東京ガス	約10万件の参加を目標に、7月からデマンドレスポンスサービスを本格展開。貢献した顧客に**節電ポイントを付与**
SB**パワー**	平時からデマンドレスポンスサービス**「エコ電気アプリ」**を提供。3月22日の需給逼迫時には、東京エリアおよび東北エリアで平時以上に「節電チャレンジ」を開催し、節電を促した。参加者は非参加者と比べて**約10%の節電効果**を得られた。

（出所）各社ニュースリリース、経済産業省資料を基に東洋経済作成

また、ＳＢパワーはＤＲの一環として個人ユーザーに節電を呼びかけることで、ＤＲ参加ユーザーで約１０％の節電効果が確認できたと明らかにしている。

新電力大手のＬｏｏｐ（ループ）が１～２月にかけて実施したＤＲには同社の顧客約５万世帯が参加し、何もしなかった場合と比べて電力消費の５・８％を減らすことができた。

Ｌｏｏｐの取り組みでは、エネチェンジ（ENECHANGE）のグループ企業が開発した電力データの人工知能（ＡＩ）解析サービスを活用。スマートメーターに記録された電力使用データを基に節電を呼びかけ、協力した世帯に節電量に応じてギフト券などのインセンティブを付与した。エネチェンジの有田一平代表取締役ＣＯＯ（最高執行責任者）は「ＤＲへの参加により、ユーザーの電力消費に変化が見え始めている」と手応えを語る。同社は、東京ガスが今夏に本格展開するＤＲサービスでもシステム面で支援を行う。

ＤＲでは、電気自動車（ＥＶ）の活用も始まろうとしている。ＥＶシェアリングサービスを展開するレクシブ（REXEV）は、電力需給調整サービスで実績を持つエナリスと連携して、ＥＶに蓄えられた電力を調整力として送配電会社に今夏から提供する。エナリスの平嶋倫明ソリューションＳＥ部長によれば、数カ所の充放電スタンドが参加し、「ＥＶの多目的利用が実現できる」。

ＥＶも電力市場に参入

大量の電力をためることができるＥＶは、太陽光発電の導入拡大を需要面から後押しするのみならず、需給状況に応じてタイミングよく充電することにより、電力コストの削減ができることも明らかになってきた。

エネルギー分野のスタートアップのアークエルテクノロジーズは、電力卸取引市場の価格が安い時間帯を狙ってＥＶに充電することにより、再エネ電力の有効活用と電気代の節約の両立を可能にすべく実証事業を続けてきた。２１年度の実証実験にはＥＶを保有する約３０人が参加した。

同社は、電力価格およびＥＶの使い方に応じてユーザーごとに最適と判断した時間帯に充電するよう、ＡＩを用いて一部のユーザーを対象に、自動制御実験を実施した。その結果、自動制御をしない場合と比べて制御対象となったユーザーのほうが、電気料金が約2割も割安になるという結果が得られた。

アークエルテクノロジーズではさらに実証実験を重ねて使いやすさを高めたうえで、2年後に市場投入を実現させたい考えだ。

海外の事情に詳しい同社の宮脇良二社長は「米カリフォルニア州では、テスラが住宅用太陽光発電と家庭用蓄電池、ＥＶを提供し、それらを電力システムにネットワーク化し始めている。テスラの取り組みは、われわれの狙いとも近い」と語る。まさに需要側にこそ、新たなビジネスチャンスが広がっている。

（岡田広行）

「デマンドレスポンスはなぜ重要か」

東京大学生産技術研究所　特任教授・岩船由美子

電力システムにおいて、出力変動の大きい再生可能エネルギー由来の発電量が増えつつある。そうした中で、発電（供給）側のみならず需要側でも調整できる範囲を増やしていくことが、持続可能な電力システムを構築するうえで重要になってくる。また、２０２２年夏・冬とも電力需給は厳しい状況が予測されており、需要側の削減策についても一定の役割を見込む必要がある。そこで期待されているのがデマンドレスポンス（ＤＲ）の取り組みだ。

ＤＲとは、電力会社の要請に応じて、決められた時間帯に電力の使用量を減らしたり、逆に増やしたりする取り組みだ。例えば目標に従ってユーザーが使用量を減らした場合に、収益還元などのインセンティブを付与する。電話や電子メールなどによる「お願いベース」のやり方のほかに、より確実に調整できる「機器制御型」の仕組みがある。後者の実装は中長期的課題だ。

料金体系見直しも必要

企業および家庭でＤＲが普及していけば、２０２２年夏は厳しくとも冬の需給逼迫時の危機回避には一定の役割を果たせるだろう。工場などを対象とした大口のＤＲの組成を確実にするには、早めに準備する必要がある。また、需要規模の小さな家庭に対しては、電力の小売企業がしっかりと情報を提供することが必要だ。

需要側の対策を本格的に普及させるためには電気料金体系の見直しも必要だ。太陽光の発電量が多い昼間の時間帯の料金を割安にすることにより、昼間に電気自動車の充電を促したりエコキュートでお湯を沸かしたりするようにユーザーを誘導できる。そうすれば、発電における化石燃料の使用量の削減にもつながる。

岩船由美子（いわふね・ゆみこ）
三菱総合研究所、住環境計画研究所などを経て2015年から現職。経済産業省の審議会委員などを務める。

INTERVIEW

「不都合な真実を直視しエネルギー自給率向上を」

日本経済団体連合会会長（住友化学会長）・十倉雅和

エネルギーの安定供給確保と同時に急務となるのが、脱炭素化に向けた長期の政策策定だ。日本経済団体連合会は4月、エネルギー転換に向けて官民で累計400兆円の投資を促す政府への提言を発表した。十倉雅和会長（住友化学会長）に、ウクライナ危機後の日本のエネルギー政策のあり方について聞いた。

――ウクライナ危機が日本のエネルギー政策に与えた影響は。

ウクライナ危機によって、日本はエネルギー安全保障の重要性を痛感させられた。島国の日本は電力をどこの国からも融通してもらえない。平地が少なく海が深いため、太陽光発電や洋上風力発電も地理的に不利な環境だ。こうした厳しい環境の国に住んでいるという不都合な真実を国民は直視しなければならない。

――政府はロシアでの石油・天然ガス開発事業「サハリン1」「サハリン2」からは撤退しない方針です。エネルギー制裁に対する日本の対応をどうみますか。

日本政府の対応は現実的だと思う。今ロシアでの権益を手放しても、ほかの国が買い取るだけでロシアは困らない。

日本はロシアから年間8〜9％のLNG（液化天然ガス）を輸入しているため、（禁輸は）容易ではない。ロシアへの制裁を長続きさせるためにも、着実なステップを踏んで中長期的にロシアからフェードアウトしていくのが得策だろう。その間、エネルギー自給率を上げていく必要がある。

――自給率を上げるにはどうすればよいでしょうか。

再生可能エネルギーに極力取り組むべきだが、再エネだけでは電力は賄えない。革新的な技術開発には時間とコストがかかる。その移行期には原子力発電の活用が必要だ。

政府は2030年までに（電源構成における）原子力の比率を20～22％にする計画を示している。それには27基の再稼働を前提としているが、現在再稼働の許可をもらっているのは10基のみだ。

政府は国民に不都合な真実を説明し、再稼働に向けて本気で取り組まなければならない。運転期間の延長も決めるべきだ。選挙が近づくと（原発再稼働の議論を）やめようという話になるが、それが許される局面ではなくなった。

――ただ、使用済み核燃料の問題は解決されていません。ウクライナでは原発への武力攻撃も現実化しました。

先日、福島を視察してきた。廃炉の厳しい現状を見ると、核のゴミの問題は深刻だと思う。

2050～60年まで原発に頼るなら、核廃棄物が減る高速炉や、小型モジュール炉（ＳＭＲ）などの次世代炉を開発し導入する必要がある。

武力攻撃のリスクは確かに怖い。ハード面からもソフト面からも攻撃を防がなければならない。しかし、武力攻撃が怖いからといって（再稼働や新設を）やめるというのは適切ではない。

脱炭素支援に国債を

――22年4月に発表した経団連の提言は、50年の脱炭素化に向けて政府が政策パッケージを示すことや、原発の推進、財政支援への要望など多岐にわたっています。


政府が策定した2050年のカーボンニュートラル目標を達成するためには、環境を重視した経済社会の変革「グリーントランスフォーメーション（ＧＸ）」が不可欠だ。

エネルギー供給構造の転換や原子力利用の推進ばかりが注目されるが、実際には、鉄鋼や化学、自動車業界といった（エネルギーの）消費側の電化も進めなければならない。その結果、労働移動も含め、産業構造自体に大きな転換が起こる。

さらに、日本の技術でアジアをはじめ海外市場を取り込むための外交戦略も必要だ。欧州は「炭素国境調整メカニズム（CBAM、いわゆる国境炭素税）」を経済外交戦略で使おうとしている。

日本が国際競争力をつけるためにも、しっかりとした（CO2排出に価格をつけて排出削減を促す）カーボンプライシングや排出量取引の制度設計が重要になる。

こうした大きな社会変革を起こすには、政府が司令塔をつくり、長期的なロードマップを明確に示す必要がある。GXは岸田政権が掲げる新しい資本主義の一番の柱になりうる。アベノミクスで残された課題は国内投資の底上げだった。企業の国内投資を増やし、経済成長の源泉となるはずだ。そのためには多くの投資が必要だ。

──政府は5月13日、クリーンエネルギー戦略の検討をまとめた中間整理の中で、主要分野での脱炭素の投資額を積み上げた場合に、官民合わせ10年間で約150兆円の投資が必要という試算を示しました。

私たちもIEA（国際エネルギー機関）のデータに基づき、日本では50年までに

400兆円の投資の必要性があるのを示していた。

技術革新は民間活用が基本になるが、物になるかわからない野心的な技術開発に取り組むのは企業も怖い。

欧州や米国の事例からみて、年間2兆円ほどの財政支援が必要だ。その財源はGXに用途を限定した国債「GXボンド」で賄うことを提言している。

――赤字国債ではなく、炭素税や排出量取引を財源にするという考えはありませんか。

長期的には検討していけばいいが、税制を組み替えるには時間がかかる。企業の負担が重くなれば産業が傾いてしまうし、財源を確保してからやろうとしたら間に合わない。国債は確かに将来世代の負担になるが、脱炭素の成果は将来に残る財産だ。

産業競争力が弱まれば、日本は低迷してしまう。日本が国際競争を勝ち抜くためには、産業競争力の強化が不可欠だ。そのためにも政府には火付け役としてコミットメントと予見可能性を示してもらいたい。

【3つのポイント】
①政府はロードマップを早急に提示すべきだ
②2050年までの累計で400兆円の投資が必要
③転換期には原子力の最大限活用が不可欠

（聞き手・井艸恵美、秦　卓弥）

十倉雅和（とくら・まさかず）
1950年生まれ。74年東京大学経済学部卒業、同年住友化学工業（現住友化学）入社。2000年技術・経営企画室部長、03年執行役員、08年代表取締役常務執行役員、11年社長、19年会長。21年6月から日本経済団体連合会会長。

ロシア制裁に苦悩する商社

2月24日に始まったロシアによるウクライナ侵攻は、日本のエネルギー調達にも大きな影を落としている。

足元では、西側諸国がロシア産エネルギーへの依存を減らす動きも相まってエネルギー価格は高騰している。5月9日未明にオンラインで開催されたG7（主要7カ国）の首脳会合ではロシア産原油の原則輸入禁止で一致した。

各国政府の動きに先駆けて、欧米のオイルメジャー各社は2～3月にかけて相次いでロシア事業戦略の見直しを表明した。英国のシェルは2月28日にサハリン2からの撤退を公表。翌3月1日には米国のエクソンモービルがサハリン1からの撤退を公表した。

この2つのロシア極東の石油・天然ガス開発事業は日本との関わりが深い。とくに三井物産（12・5％）、三菱商事（10％）が出資するサハリン2で生産したLNG（液化天然ガス）は、日本のエネルギー調達にとって重要なものだ。

日本のLNG輸入量に占めるロシア産の割合は8・8％（2021年）。だが、長期契約で調達コストが安定していることに加え、日本に近いサハリンからのLNG輸送にかかる日数は2〜3日ほど。輸送に1週間程度を要するマレーシアや豪州と比べ、輸送コストを抑えられるメリットがある。

エネルギー業界関係者は「日本全体でロシア産LNGの調達をやめてスポットで代替調達すると、1兆円近くのコスト増につながるのではないか」と指摘する。

LNGの長期契約には一般的に「テイク・オア・ペイ」という引き取り義務条項がある。買い手の都合で引き取りをやめても、代金を支払う義務があり、「ロシアに代金を支払う構図は変わらない」（国際大学の橘川武郎副学長）。

電力・ガス会社の中にはサハリン2からの調達割合が高い企業もある。広島ガスは約5割、東邦ガスは約2割にも上る。ロシア産ガスの供給途絶となれば、代替調達コストは重くのしかかりそうだ。

一方、サハリン1は石油開発事業を主とする。日本勢ではサハリン石油ガス開発（SODECO）が参画しており、同社に伊藤忠商事や丸紅が出資しているが、筆頭株主は経済産業相（日本政府）だ。

原油のロシア産の輸入シェアは3・6％（21年）。ガスと異なり原油には国際的な取引市場があり、代替調達のハードルは高くない。ただ、サハリン1は政府が深くコミットしているだけに、仮に撤退となれば、「サハリン全体から日本勢が撤退するとの印象を与えかねない」（橘川氏）。

前述のG7での石油禁輸表明後、岸田文雄首相が「（サハリン1、2の）権益を維持する方針に変わりはない」と改めて強調したのも、「日本政府はサハリン2の供給途絶を何としても避けたいため」（エネルギー業界関係者）だ。

北極圏にも権益保有

サハリン1、2とは別に、「制裁の影響が避けられない」との見方が強まっているプロジェクトがある。プラント建設の真っただ中にある、北極圏のLNG事業「アークティックLNG2」だ。

ロシアの大手ガス企業ノバテクが主導するプロジェクトで、三井物産と石油天然ガス・金属鉱物資源機構（JOGMEC）の共同出資会社が、同プロジェクトの権益の10％を保有している。総事業費は約2・5兆円。全3系列の生産量は年間1980万トンと、日本の年間輸入量の3割弱に相当する。

だが、権益の1割を有するフランスのエネルギー大手、トタルエナジーズが3月22日、「アーク2の権益は手放さないものの、新規投資を行わない」と表明。その後、トタルはアーク2に関連して5300億円（22年1～3月期）もの減損損失を計上している。

■ロシアからの撤退で損失が膨らむオイルメジャー各社

トタルエナジーズ
（フランス）

損失額 5300億円
理　由 アーク2関連での減損

エクソンモービル
（米国）

損失額 4400億円
理　由 サハリン1からの撤退

シェル
（英国）

損失額 5000億円
理　由 サハリン2撤退による減損やノルドストリーム2への融資引当金など

BP
（英国）

損失額 3兆3000億円
理　由 出資していたロシア石油大手ロスネフチ関連の減損など

（注）2022年1～3月期決算で計上したロシア関連損失。1ドル＝130円で為替換算
（出所）各社の決算資料を基に東洋経済作成

プロジェクトの先行きに関する懸念は、三井物産にも及んだ。5月2日の決算会見で、三井物産の堀健一社長は「現段階では開発計画を大きく変更する意思決定には至っていない」と説明。制裁の影響については「プロジェクトに（どのように）影響するか見極めている最中」（堀社長）だという。

ただ、アーク2に融資する国際協力銀行の前田匡史総裁が3月の定例会見で、「いったん貸し出しを停止している」と明かすなど、資金繰りには不安が漂う。

そのうえ、海外の専門メディアによると、欧州による制裁の影響で、中国で進められていたアーク2の資機材の製造が5月中に停止されるとの情報も出ている。

開発計画では全3系列のうち、第1系列が23年に生産を開始する予定だが遅延リスクが高まっている。開発計画を大きく見直すことになれば、三井物産の業績への悪影響は不可避だ。

そもそも、三井物産がアーク2への投資を最終決定したのは2019年のこと。当時、日ロ関係の改善に積極的な安倍晋三政権がアーク2実現に力を入れていたことは、プロジェクトの署名式に安倍首相（当時）、プーチン大統領が同席していたことからも明らかだ。

ただ、すでに2014年にロシアによるクリミア侵攻があり、「ロシアリスク」をどのように捉えるかは難題だった。当時、三井物産幹部が「必ず三菱商事はアーク2に参画する」と語っていたのとは反対に、三菱商事は出資を見送った。プロジェクトの採算性やカントリーリスクを鑑みたものとみられるが、結果として三井物産は現在、正念場に立たされている。

総合商社のエネルギー事業には、日本のエネルギー安全保障という国家の命運を左右する重い責任が付きまとう。商社経営陣にとっては判断の難しい局面が続きそうだ。

（大塚隆史）

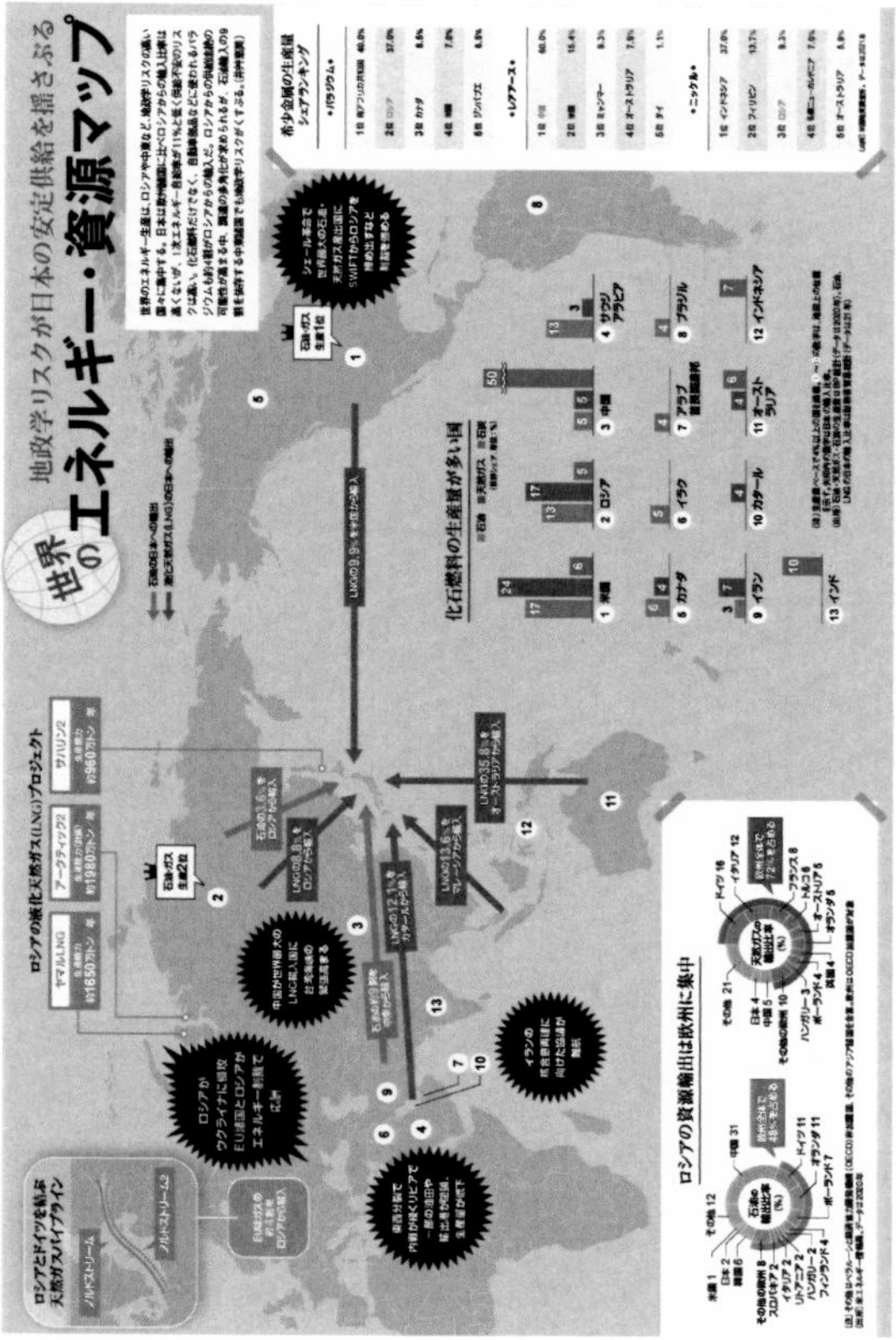
地政学リスクが日本の安定供給を揺さぶる
世界のエネルギー・資源マップ
ロシアの液化天然ガス(LNG)プロジェクト
ヤマルLNG
アークティック2
サハリン2
ロシアとドイツを結ぶ天然ガスパイプライン
ノルドストリーム
ノルドストリーム2
化石燃料の生産量が多い国
希少金属の生産量シェアランキング
ロシアの資源輸出は欧州に集中

ガス途絶リスクに揺れるドイツ

欧州「脱ロシア」化は前途多難

ドイツ在住ジャーナリスト・熊谷　徹

「ロシアからの天然ガス供給が停止すると、化学業界だけではなく自動車、製薬、繊維業界などのサプライチェーンが切断され、数十万人が失業する」

そう懸念を示すのは、ドイツの化学・エネルギー業界の労働組合の委員長だ。製造業界では、ロシアからの天然ガス供給停止への不安が日増しに強まっている。というのも、ロシアは4月27日、ポーランドとブルガリアへの天然ガス供給を止めたからだ。

「ロシアの天然ガスは、いつ止まってもおかしくない」

ドイツの電力大手エーオンのビルンバウム社長はそう語る。5月4日、EU（欧州連合）は一部の国を除き6カ月以内にロシアからの原油輸入を停止する方針を打ち出した。これに対してロシアが天然ガス停止によって報復する可能性もある。ドイツ政府は「ガス供給緊急事態」の第1段階を初めて発令するほど、供給停止への危機感が高まっている。

ドイツの化学最大手BASFのブルーダーミュラー社長は「ロシアからの天然ガス供給が現在の半分に減っただけでも、4万人が働く本社工場は操業できなくなる。第2次世界大戦後最も深刻な被害がドイツ経済に生じ、生活水準が下がる」と警告した。化学製品の製造が停滞すると、製造業界全体に被害が広がる。

その被害は甚大だ。ドイツの主要経済研究所は、「ロシアが突然ドイツへの天然ガス供給を停止した場合、2200億ユーロ（約30・6兆円）の経済損失が生じる。22年のGDP（国内総生産）成長率はプラス1・9%、23年はマイナス2・3%に落ち込む」という悲観的な予測を打ち出している。

ここまで被害が大きくなるのは、ドイツの天然ガスがロシアからの輸入に大きく依存しているためだ。ドイツ連邦エネルギー水道事業連合会の報告書によると、ロシアが突然天然ガス供給を停止した場合、ドイツが代替または節約できるのは消費量の半分、とくに製造業界は8%にとどまる。

ガス供給を武器にされた

ロシアはガス供給を人質にドイツを揺さぶってきたフシがある。象徴的なのは、22年のドイツでの天然ガス貯蔵施設の充填率の低さだ。2011~19年の平均に比べて約20ポイント低かった。

■ドイツの天然ガス充填率は低下
―2011～19年の平均と22年の比較―

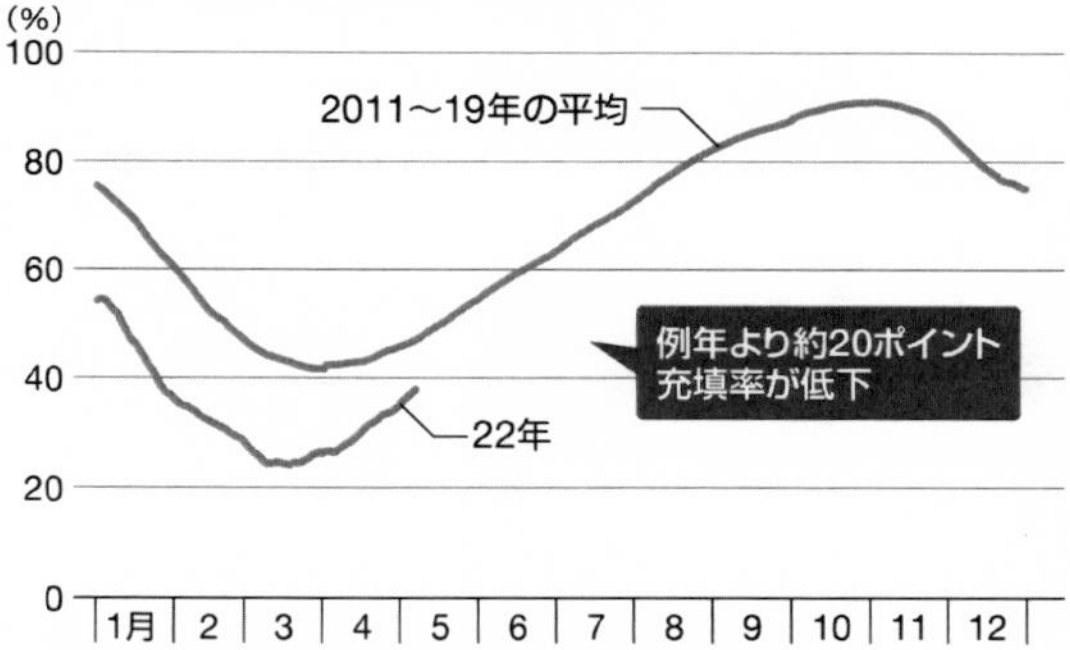

（出所）Aggregated Gas Storage Inventory

最大の原因は、ロシア国営のガス会社、ガスプロムの子会社が所有するドイツ最大の天然ガス貯蔵施設の充填率が低かったことだ。ガスプロムは2021年夏にこの施設に天然ガスを充填せず、現在ほぼ空になっている。

EUのフォン・デア・ライエン委員長は、「21年は需要が増えて天然ガス価格が高騰していたのに、ガスプロムが供給量を例年に比べて減らしたのは、おかしい」と述べている。ドイツ政府も、「ガスプロムが貯蔵施設の充填率を故意に低くすることで、わが国を脅迫しやすい状態に追い込もうとしたのではないか」という疑いを抱く。

21年にドイツが輸入した天然ガスのうち、ロシアからは55%。輸入量はEU加盟国で最大だ。輸入石炭の49・9%、輸入原油の35%がロシア産だった。「ガスや原油は、ロシアにとって最重要の外貨収入源。ロシアがエネルギーを武器に使うわけがない」という安心感が、依存度を高くしてしまった。

現在、ドイツ政府は「脱ロシア」へ向けて必死に努力している。ハーベック経済・気候保護相は、「21年末に49・9%だったロシアへの石炭の依存度は契約変更などによって8%、ロシア産原油への依存度は35%から12%に下がった。ドイツは22年末までにロシア産の原油と石炭の輸入量をゼロにできる見通し」と発表している。

■ 石炭・原油に比べ、天然ガスの依存脱却に時間
―ドイツの化石燃料輸入量に占めるロシア輸入比率の推移―

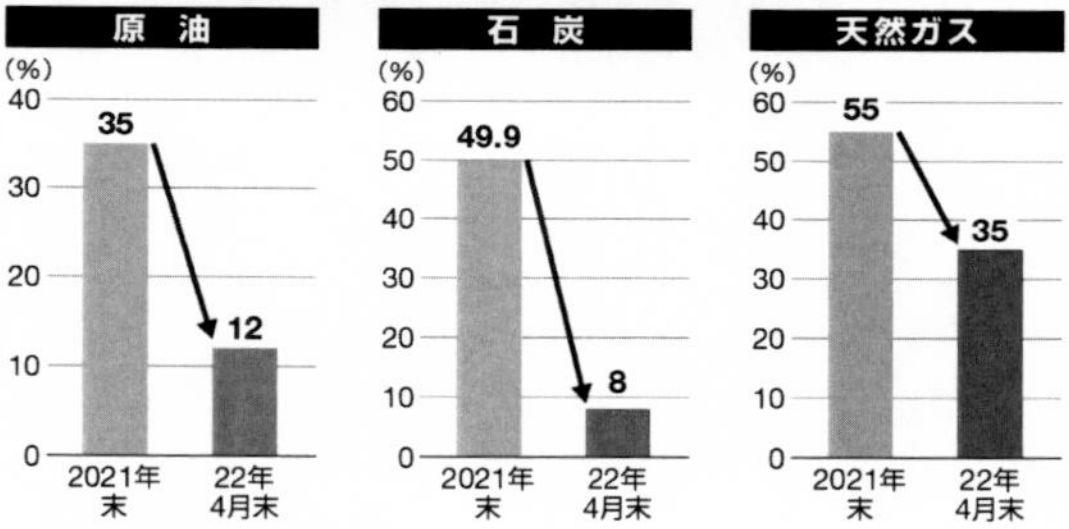

（出所）ドイツ連邦経済・気候保護省

しかし、問題は天然ガスだ。21年末には55％だったロシア産天然ガスへの依存度は4月末の時点で35％に下がったものの、輸入量をゼロにできるのは、早くても24年の夏になる。

その理由は、ドイツに液化天然ガス（LNG）の陸揚げターミナルがないことだ。ロシアから割安のガスがパイプラインで送られてくるため、エネルギー企業はターミナルを建設しなかった。周辺国には、ドイツのためにLNGを陸揚げする余力はない。

そこでドイツ政府は戦争勃発後、エネルギー業界とともに、北海に近いヴィルヘルムスハーフェンなど3カ所で、LNG陸揚げターミナルの建設を始めた。建設には通常5年かかるが、環境影響評価を省略する「LNG加速法」を施行し、2年に縮める計画だ。

さらに政府は、洋上でLNGを受け入れる「浮体式LNG貯蔵再ガス化設備（FSRU）」4隻をチャーターし、22年末から米国などからのLNG陸揚げを始める。

だが、新たな調達先との交渉は容易ではない。ドイツ政府はカタールのLNGも輸入すべく協議しているが、契約内容などについて見解の相違があり、交渉は難航している。

脱炭素化を一時棚上げに

これまでドイツは地球温暖化に歯止めをかけるために再生可能エネルギーを拡大してきたが、脱炭素に向けた戦略も大幅な修正を迫られている。ウクライナ戦争の勃発後は、安定供給の確保と脱ロシアという重要な目的が加わったためだ。

ドイツには、2016年以降運転を中止され、22年秋から23年に廃止される予定の褐炭火力発電設備5基がある。ショルツ政権は、当初30年に石炭・褐炭の火力発電を全廃する方針だったが、ロシアからのガスへの依存度を引き下げるため、2038年に先延ばしにする。エネルギー危機を乗り切るために、短期的には脱石炭を棚上げした格好だ。

一方、長期的には再エネの拡大を加速する。ハーベック氏は4月6日に、「35年にはドイツの電力消費量のほぼ100%を再エネでカバーする」という方針を打ち出した。30年までに太陽光発電の設備容量は266%増、陸上風力発電の設備容量は105%増やす。

ドイツ政府は、再エネ拡大やグリーン水素製造施設、製造業の非炭素化のための予算を大幅に増やす。3月7日、「気候保護エネルギー転換基金」の今後4年間の予算額を1100億ユーロ（約15・3兆円）から、2000億ユーロ（約27・8兆円）にすると発表した。

エネルギー自給率を上げるため、22年中に廃止される予定だった原子炉の運転継続も一時検討された。ドイツは11年以来14基の原子炉を廃止し、22年末には残りの3基も廃止される予定だ。だがウクライナ戦争勃発直後、保守派の政治家や経済学者からは、「ロシアからのエネルギーへの依存度を減らす間、原子炉の運転を続けるべきだ」という声が強まっている。

ただ、燃料棒の調達に時間がかかるほか、2009年以来安全検査が行われていないため、運転継続には検査が必要であることが判明した。3基の原子炉は、ロシアからの天然ガスによる発電量の66%しかカバーできない。このためハーベック氏は、

「利点と費用・リスクを比べた場合、運転継続の利点は少ない」として、予定どおり22年末に最後の原子炉を廃止する方針を明らかにしている。

ドイツのように原子力に頼らず、脱ロシアと脱炭素を目指す国は、オーストリア、イタリアなど欧州では少数派だ。これとは対照的に、他の欧州諸国の間では原子力と再エネの拡大が主流になっている。フランスは最高14基の原子炉の新設と既存の原子炉の運転年数の延長を発表。英国も小型原子炉を開発・建設する方針だ。

2022年初めEUは、原子力を一定の条件下で「地球温暖化に歯止めをかけることに貢献するエネルギー」としてEUタクソノミー（環境に配慮した経済活動の認定基準）に記載する方針を打ち出した。こうした動きも欧州の原子力ルネサンスを加速させている。

ベルギーも25年の脱原子力を撤回し、2基の原子炉の運転年数を10年間延ばした。ポーランドは最初の原子炉の建設を計画中だ。

エネルギー貧困の問題も深刻である。エネルギー価格の高騰は、各国経済のコロナ・パンデミックからの回復のために21年から続いていたが、ロシアのウクライナ侵攻後、拍車がかかった。ドイツでは22年3月に、ガソリンとディーゼル用の軽油1リットル当たりの価格が初めて2ユーロを超えた。

需要が高い冬場が正念場

エネ価格と食料価格の高騰により、ドイツの前年同月比の消費者物価指数は22年4月に7・4％に達した。過去41年間で最高のインフレ率である。戦争の影響で、スーパーマーケットへ行っても小麦粉やサラダ油が売り切れていることが多い。次の冬に向けて、エネルギーや食料品の価格がさらに上昇するとみられている。

このためドイツ政府は150億ユーロ（約2兆850億円）を投じて、エネルギー高騰による市民の負担を緩和するための対策を実施する。例えば、消費者が電力料金とともに払っている再エネ賦課金を7月1日以降廃止し、全額政府が負担する。すべての就労者にエネルギー手当として300ユーロ（約4万1700円）を支給する。

子どもがいる家庭や低所得者に対しては追加支給する。

しかし、市民や企業経営者の間では、「天然ガスの手当てができていない中で、ロシアが元栓を閉めたらどうするのか」という不安が広がっている。次の正念場は、最も需要が高まる10月以降の冬場だ。家庭の約50％がガス暖房を使っており、深刻なエネルギー危機に陥る可能性が強まっている。

ドイツはロシアに頼りすぎたために、2020年のエネ自給率は35％と低かった。今回の失敗を教訓とし、同国は今後再エネを柱として自給率を上げる。自給率がさらに低い日本（11％）にとって、ドイツの苦悩は対岸の火事ではない。

熊谷　徹（くまがい・とおる）
ドイツを拠点としてエネルギー・環境問題を中心に執筆。元NHKワシントン特派員。『偽りの帝国』『日本とドイツ　ふたつの「戦後」』『欧州分裂クライシス』など著書多数。

「危機は2〜3年続くバランス重視の政策を」

日本エネルギー経済研究所　専務理事・首席研究員　小山　堅

ウクライナ危機はエネルギー市場、そして脱炭素の潮流にいかに影響するのか。日本エネルギー経済研究所の小山堅氏に今後の見通しを聞いた。

——欧米によるロシアへのエネルギー制裁が強化されていますが、市場への影響は。

ＥＵ（欧州連合）は石炭の禁輸に続き、これまで消極的だった石油の禁輸まで行う方針を打ち出している。石油が禁輸された場合、原油の高値は当面続くだろう。

最もリスクが大きいのは、天然ガスの禁輸だ。ロシアが欧州向けのガス供給を止めるとなれば、ほかではカバーできず市場は大混乱する。そうなれば、供給逼迫が今後

2年は続くことになる。

EUは加盟国に天然ガスの貯蔵容量を80％まで満たすよう求める方針を示している。また、ロシア以外の国からの液化天然ガス（LNG）調達を強化する計画だ。しかし、それではは従来ほかの国が買っていたLNGをEUが買い取ることになる。結果的にEUの安定供給対策は、エネルギーの価格を引き上げる方向に向かうだろう。

──ウクライナ危機の影響はいつまで続くとみていますか。

プーチン大統領が政権を握る限り、ウクライナ危機による地政学リスクは2～3年続くはずだ。その間、EUは着々とロシアへの依存度を減らし、ほかの供給源を増やして軟着陸を図ろうとする。

ただ、再生可能エネルギー導入や省エネを推進しようとしても、効果が出るには時間がかかる。短期的には天然ガスや石炭、原子力の利用が重要になるのではないか。

脱炭素のスピードに影響

――資源を持たない日本はどう対応すべきでしょうか。

日本もロシアからの資源供給に問題が起これば代替が必要となる。エネルギー安定供給の脆弱性や第三国に権益を奪われるというリスクを鑑みると、ロシアでのＬＮＧプロジェクト「サハリン２」から撤退するという選択肢はないだろう。ただ、今後欧州が石油やガスの禁輸に踏み切ったとき、日本だけが関係ないと言い続けられるかはわからない。

――脱炭素の潮流に変化は。

２０２１年のエネルギー価格高騰が起こる前までは脱炭素一色だったが、今回のウクライナ危機によって「エネルギー安全保障」が重視されるようになった。長期的には脱炭素の重要性が失われることはないが、国によってスピード感に違いが出てくる可能性がある。

ロシア依存や資源価格の高騰が問題視され、化石燃料からの脱却に拍車をかける展開になりえる。他方で、エネルギーの供給確保の面から化石燃料の重要性が再認識され、新興国を中心に国産資源の開発が促進される可能性がある。

米国の立ち位置も重要だ。実際、（気候変動対策を重視してきた）バイデン政権も、シェール資源が国益最大化のうえで重要だという点を再認識したのではないか。

日本は再エネや原発も含めてエネルギーを脱炭素型に持っていく方向に議論が進むだろう。ただその移行期間では、これまで抑制されてきた化石燃料への投資も適切に行うべきだという意見をアジアの代表として発信する必要もある。

気候変動問題の重要性に変わりはないが、今後は安全保障と経済効率性とのバランスを重視したエネルギー政策がより求められる。

（聞き手・井艸恵美、秦　卓弥）

小山　堅（こやま・けん）

1986年早稲田大学大学院経済学修士修了、日本エネルギー経済研究所入所。2001年英ダンディー大学博士号取得。11年同研究所常務理事・首席研究員。20年から現職。国際的な石油・エネルギー情勢を分析。

第3次石油危機は来るか?

エネルギーアナリスト/金曜懇話会代表世話人・岩瀬　昇

「われわれの仲間の中には、ロシアの石油に大きく依存している国もある。だが、ともかくやらなければならないのだ」

2022年5月4日、フォン・デア・ライエン欧州委員会委員長は、第6次制裁として発表したロシア産石油禁輸の必要性をそのように強調した。4月8日には石炭禁輸を決定(22年8月から開始)し、そして今回の石油禁輸である。

代替が容易ではないガスについては、もうしばらく時間がかかる見込みだ。もっともルーブル決済問題が火を噴き、ロシア側から先に供給を停止されるリスクはある。

今後修正される可能性もあるが、最新案では原油は6カ月以内に、石油製品は年末までに禁輸措置が実施される。ただしハンガリー、スロバキアは24年末まで、チェコは24年6月末まで、との特例が認められている。

「ドルジバ（ロシア語で「友好」の意）パイプライン」で供給されるウラル原油（ロシアの代表的油種）に依拠している東欧3国は、精製設備の改修など資金も時間もかかる。このため、この最新案でも合意できるかは不透明だ。

一方、石油禁輸に強硬に反対していたドイツは、内陸部の製油所も「半年あれば対応可能」と賛成に回った。例えば首都ベルリン地域へガソリンなどを供給しているシュヴェット製油所（日量22万バレル、ロシア国営のロスネフチが54％出資）は、バルト海に面したロストク港を浚渫（しゅんせつ）し、受け入れタンクを建造してパイプラインで搬入する体制を整えれば数カ月で対応できるとのことだ。

■欧州内陸部の製油所はロシア依存が前提
―ロシア―欧州間の石油パイプライン―

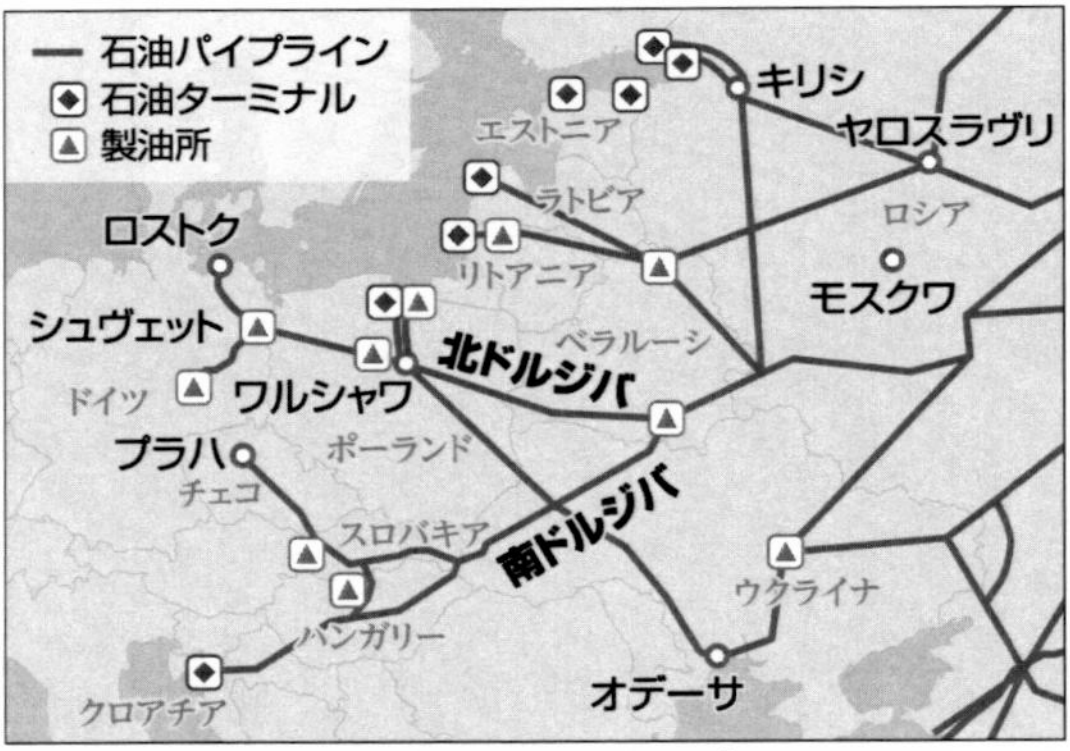

(注)2019年時点　(出所)S&Pグローバル・プラッツ

では、EU（欧州連合）による石油禁輸は有効に機能するのだろうか。

2月24日の侵攻直後からレピュテーションリスクを考慮した英シェルなど大手国際石油は、ロシア産石油の新規購入を自粛している。タンカー業界も保険業界も、ロシア産原油への関与を抑えている。

このような情勢を踏まえIEA（国際エネルギー機関）は、「ロシアは4月から日量300万バレル減産となり、供給不足から世界的石油危機のリスクあり」と月報3月号で報じた。だが3月の生産量は2月比ほぼ横ばいの日量1101万バレル、4月も日量100万バレル程度の減少だと報じられている。

そもそもロシア産石油の引き取りは、現状EU企業にとって制裁違反ではない。インドは大幅な値引きに飛びつき、中国の非国営企業は目立たないように購入している。ロシアの減産が限定的なものとなっているのはそのためだ。

さらに問題となっているのは「仕向け地を隠した船積み」だ。これはアパルトヘイト政策を理由に国連から制裁を受け、原油調達に困窮していた南アフリカ共和国向けにトレーダーが行った方策だ。

船積み時には仕向け地を「追加指示までロッテルダム方面へ」と指示して出港させ、沖合で瀬取り（洋上での積み替え）をして南アに供給した。最近でも、禁輸制裁を受けているイランが中国やシリアに輸出するために行っている。

5月に入って欧州で傭船された数隻のＶＬＣＣ（大型原油タンカー）は、デンマークやロッテルダム沖合、あるいは地中海でロシア産原油を瀬取りし、中国やインドに向かうものとみられている。

ロッテルダムなどのタンクにロシア産原油を搬入し、品質の類似したほかの原油を50％以上混入して別ブランド名で再輸出する手法も取られている。トレーダーの間で、「ラトビア・ブレンド」と呼ばれる産地偽装原油だ。

ウラル原油は通常より約20ドルの値引きで売られている。だが、油価が高騰している現状、国家予算の原油輸出価格の前提を44ドルとしているロシアの収入の落ち込みはさほどではないとみられる。

さらに原油を精製してディーゼル油などの石油製品にしてしまうと、元の原油がロシア産か否かの判別はできない。このように、石油禁輸策には多くの抜け道がある。

日本は「持たざる国」

今後もEUの石油禁輸はロシアの生産減、輸出減、収入減につながらないのだろうか。

ロシアの輸出量は、原油が日量520万バレル、石油製品が210万バレルほどだ。それぞれ280万バレル、110万バレルが欧州向けとなっている。東方向けは、パイプラインで180万バレルを、そのうちの100万バレルが中国へ、80万バレルが日本海に面したナホトカ近郊のコズミノ港からタンカーで輸出されている。

石油禁輸によりEU企業は大っぴらには購入できなくなる。ロシアはアジアへの拡販を目指すだろうが、東方向けパイプラインにはさほど余剰能力がない。新たなパイプライン建設には数年かかる。したがって、バルト海・黒海からのタンカー輸出を東方に振り向けるしかないが、これも手配可能なタンカーに限界がある。

また、もし保険業界がロシア積み石油には付保しない、あるいは料率を極端に高くするなどの制裁策を取ると、輸出量は減少するだろう。さらに、米国がイラン禁輸と同じような2次制裁を科すと、買い手は激減する。いずれにせよ年末に向けて徐々にロシアの生産・輸出減、そして収入減につながっていくのは間違いないだろう。

原油価格は今後どうなるだろうか。油価は、第1次石油危機時には4倍（3→12ドル）に、第2次石油危機時にはさらに3倍（12ドルから36ドル）になった。ともに歴史上、経験のない急騰だった。

ロシア産原油の輸出量減少は強気材料だ。だが、ウクライナ侵攻前と比べると、地政学プレミアムが20～30ドルほど上乗せされているものの、インフレ、中国のロックダウンなどにより、需要の伸びが勢いを失っており、過去の石油危機ほどの高騰とはなっていない。

現在の1バレル＝100ドル水準というのは、インフレ率を考慮した実質価格で見ると「いつか来た道」である。当面100ドル前後で推移するとの覚悟は必要だが、第3次石油危機に見舞われる可能性は低いと筆者はみている。

■ 原油価格はまだ歴史的高値ではない
—インフレ調整後の実質原油価格と名目原油価格の推移—

(注)2022年3月のCPIを基準にインフレ調整後の実質原油価格を算出。原油価格は北海ブレント
(出所)世界銀行、米労働統計局のデータを基に東洋経済作成

日本はいかなるエネルギー政策を取るべきか。フォン・デア・ライエン委員長は、石油禁輸の目的をロシアの戦費となる財源を剥ぐこととし、「ウクライナを支援するために、経済が強靭でなければならない」とも付言している。

化石燃料も再生可能エネルギーも持たない日本は、経済が強靭でなければ世界に貢献できない。「エネルギー安全保障」を最優先し、G7（主要7カ国）の一員としてしたたかに外交力を行使して危機に対応すべきではなかろうか。

岩瀬　昇（いわせ・のぼる）
1948年生まれ。71年三井物産入社。三井石油開発常務執行役員などを務め、一貫してエネルギー関連業務に従事。退職後はエネルギー関連の勉強会や講演・執筆活動を続けている。

日本経済を襲う資源高

原油をはじめとした資源・エネルギー価格の高止まりは、資源小国の日本経済に大きな影響を及ぼす。この状況を回避する抜本的な手段は取られず、日本経済は今、再び岐路に立っている。

財務省が5月12日に発表した2021年度の国際収支状況速報によると、輸出から輸入を差し引いた貿易収支は1兆6507億円の赤字に転落した。前年度からは5兆円以上の悪化だ。月別で見ると21年8月以降は10月を除き、貿易赤字が続く。原油価格は同時期から1バレル＝70ドルを突破し高値水準が続いている。資源価格上昇の影響は明らかだ。

幸いにも、貿易収支に投資収益などを含めた経常収支は12兆6442億円と黒字を維持した。しかし、前年度比22・3%減で黒字幅は4年連続で縮小。14年度以来の低水準でもある。また年度後半の2021年12月と22年1月は2カ月連続の経常赤字を記録した。

これまでの日本は経常黒字が当たり前で、たとえ経常赤字に陥っても一時的なものと解されてきた。資源価格の高騰は長続きせず、輸出も一定規模あることから、貿易赤字は大きく広がらないと考えられていたからだ。

だが、今回は様相が異なる。ウクライナ戦争やエネルギー転換による需給逼迫など複数の要因が絡み合い、資源価格は高値で荒い値動きをしている。そのため貿易赤字が継続し、その規模の拡大も懸念されている。

2022年3月の経常収支は黒字に持ち直しているが、日本企業が海外から受け取る配当金が大きく膨らんだことが要因だ。資源価格高騰の構造要因は解決されず、貿易収支赤字が定着している。

為替市場も日本の経常収支悪化の傾向を反映する。ドル円相場は4月末以降、1ドル=130円台と20年ぶりの円安水準で推移。背景には日米での金利差拡大や、アフターコロナで経済再開が先行する海外との資金需要差がある。だが大きな要因は、資源高を起点にした経常収支悪化で、実需の円売りが起こっていることだ。

みずほ証券エクイティ調査部の小林俊介チーフエコノミストは、「日本も経済活動は再開方向にあるほか、米国債の金利が現状より上がる見通しは立てにくく、金利差がさらに円安を加速させるとは考えづらい。一段と円安になるかは資源価格次第だ」と分析する。

このまま資源価格の高止まりと円安が続くと日本経済にどのような影響が出るのか。

現在、原油価格は1バレル＝100～110ドル前後で推移、前年比で40ドル程度上がっている。小林氏は「この水準が続くと日本の輸入コストは前年比で名目GDP（国内総生産）の2％に相当する11兆円増加し、その分だけ経済成長率が押し下げられる」とみる。

その影響の出方はとくに価格転嫁が困難な非製造業に集中し、家計への影響も大きい。

「（影響額11兆円のうち）製造業への打撃は1・1兆円。非製造業が5・1兆円だ。とくに価格転嫁が難しい運輸、小売り、サービス業など内需企業への影響は大きい。家計部門は4兆円弱の負担を強いられ、1人当たり3万円、4人家族で12万円の負担増となる」（小林氏）

資源権益を持つ商社など一部の業種にはプラスだが、小売りや飲食などの内需企業や一般家計には輸入コスト上昇が直撃する。そのため、小林氏は「格差拡大要因になる」と指摘する。

日本銀行の黒田東彦総裁（当時）は「全体として円安がプラスだという評価を変えたわけではないが、過度な変動はマイナスに作用する」と警戒感を示しながらも、円安容認の姿勢は変えていない。

それでも資源価格の高騰や円安による日本経済への影響は出つつある。3月の消費者物価指数は変動の大きい生鮮食品を除く総合指数（コアＣＰＩ）が前年同月比0・8％上昇。前月から上昇幅が拡大している。

■ 消費者物価指数は今年に入り急激に上昇
―生鮮食品を除く総合指数の推移―

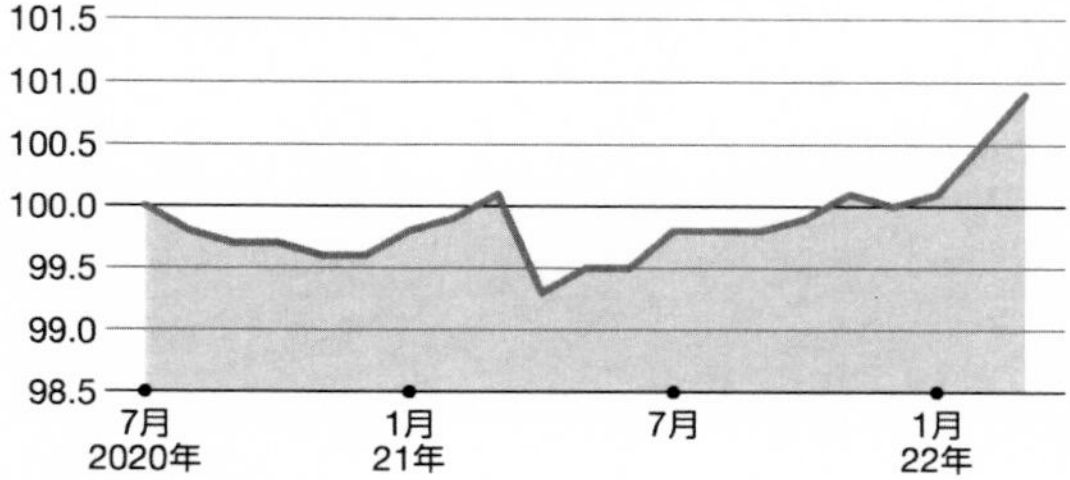

(注)2020年=100
(出所)総務省統計局

岸田政権は7月の参議院選挙を前に対策を次々と打ち出している。4月下旬には物価高騰に対する「緊急対策」を発表。ガソリン価格高騰の抑制へ1月から支給している石油元売り大手への補助金の上限引き上げ、低所得の子育て世帯への給付金支給、コロナ禍で影響を受けた企業への危機対応融資の延長などを行うとする。

大和総研が4月21日に発表したリポートによると、補助金支給の効果や内需企業の価格転嫁率、名目賃金上昇率が低いことから、各国で高水準な物価上昇が続く中で日本のコアCPI上昇率はピーク時でも2%にとどまると予想されている。

「赤字国化」が30年早まる

大和総研経済調査部の神田慶司シニアエコノミストは「この2年間、新型コロナ禍で消費抑制が続き、家計部門で累計60兆円の過剰貯蓄があり、資源高で景気の腰折れはない」とし、「経済活動の正常化が着実に進めば、年間の実質GDP成長率は3%になる」と日本経済全体への影響は限定的との見方を示す。

とはいえ、政府が打ち出す補助金・給付金の激変緩和措置や中小企業支援などはいずれも、資源高や円安によるインフレへの対症療法的な財政支出だ。国債を低金利で発行できる環境下ゆえに維持できる政策でもある。

「（経常黒字要因の）所得収支はかなり分厚いものの、経常収支が赤字になると海外に資金を頼ることになり、国債発行にかかるコスト増など財政問題が悪化しかねない」（神田氏）。経常収支改善へ向け、高騰するエネルギー資源の輸入に対する直接的な施策が必要になる。

小林氏は「原油価格が1バレル＝130ドルを超えると経常赤字になる。もともと少子高齢化が進む日本では経常黒字が縮小し、50年には赤字国化するとされていたが、資源価格高騰で約30年早まった可能性もある」と指摘する。

経常黒字を前提に財政・金融政策を構築してきた日本。資源価格の高騰が続くようなら、数十年かけられた政策転換を数年でやる必要も出てくる。余裕を持つためにも貿易収支の改善が急務だ。エネルギー輸入を減らすための省エネ対策や節電施策、再生可能エネルギー強化をはじめとした電源多様化は喫緊の課題となる。

悪影響に耐えられる今のうちに、対症療法から脱却できるか。貿易収支を改善させるためにも、エネルギー課題の解決は待ったなしだ。

（劉　彦甫）

【財新リポート】中国・ロシアがマーケットを攪乱

ニッケル急騰事件の深層

ウクライナ危機で高騰したのは原油や天然ガス価格だけではない。2022年3月、電気自動車（EV）普及のカギを握るニッケルの価格がわずか2日間で3倍超に暴騰、ロンドン金属取引所（LME）が全取引を取り消す前代未聞の事件が起きた。

その背後にあったのは、ニッケル生産で世界シェアの2割超を握る中国企業。そしてロシア・ウクライナ戦争を機に、「市場の致命的な欠陥」を突こうとした投機筋の思惑だった。中国の調査報道メディア「財新」が、その内幕を明かす。

異変が起きたのは3月7日21時（北京時間、以下同）だった。

LMEのニッケル先物の取引価格が突然急騰し始めた。4時間後の取引終了時には

73%の上げ幅に達し、取引最高値は1トン当たり5・5万ドルを記録した。2月24日のロシアによるウクライナ侵攻が起こる前は、2・5万ドル以下の水準だった。浙江省温州市に本社を置く世界最大のステンレス鋼会社である青山控股集団（青山グループ）は、大口の「ショートポジション」（価格下落を見越して先に売り、値下がりしたところで買い戻す売り持ちポジションのこと。いわゆる「カラ売り」）を取っているとしてにわかに注目を集めた。

ニッケル価格の急騰で、ショートポジションを持つ青山グループはひどく追い込まれ、巨額の損失に直面しているという噂が市場に広まった。

眠れぬ一夜を過ごした売り持ち勢は、翌日のアジア取引（LME夜間取引）の時間帯にかつてない「数字ゲーム」を目にした。

13～14時のわずか1時間で、LMEのニッケル先物主要契約（以下、「LMEニッケル」）は、1トン当たり6万、7万、8万、9万、10万ドルの大台を立て続けに突破。たった2日間で、LMEニッケルは3・5倍に暴騰したのだ。

■LMEニッケル価格が3月に急騰

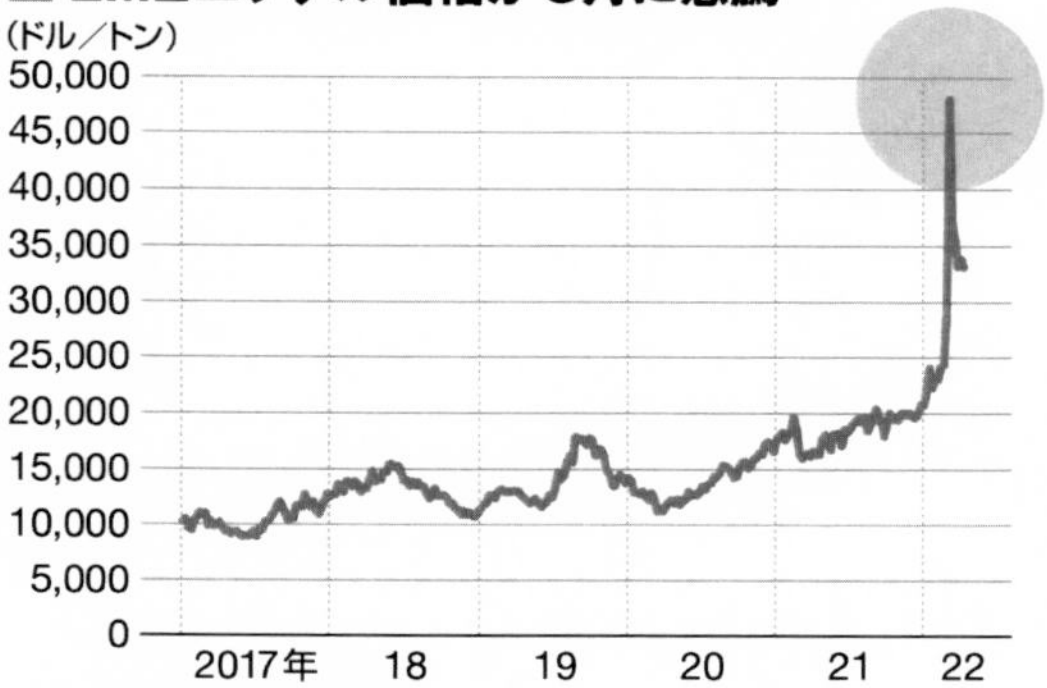

(注)週足、終値　(出所)LME

2日間で狂気の急騰

市場は騒然となった。近年、EVのバッテリーの原材料としてニッケル需要は高まってきているが、その7割以上が従来のステンレス鋼製造分野に使用されている。通常、LMEでのニッケル先物の取引は小規模で、活発ではない。

しかし、この2日間でニッケル価格は一瞬にして狂気の急騰劇を演じ、原油価格以上に注目を集める先物市場の「台風の目」に豹変した。その日、ほかの金属先物の銘柄もニッケルにつられて大幅に上昇し、市場は過熱状態となった。

3月8日16時15分、LMEはニッケル先物を売買停止にするという歴史的決断を下した。さらにその数時間後、LMEは当日行われたニッケルの全取引を取り消す決定を発表した。この異例の措置は、さまざまなコモディティーの先物価格を軒並み反落させることになった。

事件勃発時、複数の業界関係者は、「ショートスクイーズ（市場が売り持ちに傾いているときに、大きく買いを仕掛けて相場が急騰する踏み上げ現象）だ」と財新に語った。先物価格の上がり下がりを予測し、「売り持ち（ショート）」と「買い持ち（ロング）」が応酬するマネーゲームがＬＭＥニッケルの先物市場で起きたのだ。

財新が複数の情報源に確認した結果、青山グループは最大２０万トン前後のニッケル先物のショートポジションを保有していて、中には、間もなく限月（先物の期限が満了する月）を迎えるポジションも少なくないことが判明した。

ＬＭＥのニッケルポジションの総保有量は約１２０万トン（片側）あるが、その６分の１を青山グループが持っていたことになる。

中国上海先物取引所のニッケルポジションの総保有量は２８万トン程度にすぎず、最近では１０万トン前後まで下がっている。青山グループのショートポジションの重さ、エクスポージャーの異常な大きさは明らかだ。

ポジションを建てた際の価格が１トン当たり２万ドルだったとし、後にＬＭＥが発表した取引終了時の終値５万ドルで計算すると、青山グループの損失額は６０億ドル（当時の為替レートで約７０００億円）に達した可能性がある。

中国ニッケル界の超大物

青山グループは、1988年に浙江省温州市出身の項光達と張積敏によって設立されたが、事実上の支配者は項光達だ。項光達は大胆で義理堅い性格と優れた行動力を持ち、「率先して一番手になる」ことを企業文化にしていると、同氏に近い複数の人物は話す。

青山グループは、自動車用ステンレスドアと窓の製造から事業を興し、2005年に中国全土へ展開を開始した。ステンレス事業の拡大につれて、原材料の多くを輸入に頼るようになった。

2008年に項光達は勝負に出た。世界のニッケル埋蔵量の22%を占めるインドネシアに進出し、サプライチェーンの上流に当たるニッケル鉱山の開発に踏み切ったのだ。

当時は、世界的な金融危機と資源ナショナリズムのリスクが重なり、多くのグローバル企業がインドネシアの事業から撤退した。項光達はこの一瞬のチャンスを逃さず、ニッケル資源を取りに行ったのである。

青山グループはインドネシアの水道も電気もない離島に、モロワリとウェダベイニッケルという2つの工業団地や発電所、港湾、空港、ホテルを建設。十数年間にわたって、ニッケルの採掘・製錬から、ステンレス、リチウム電池までの産業チェーンを構築した。

生産コストが低い青山グループのフェロニッケル（ステンレス鋼の主原料となる鉄とニッケルの合金）製品は中国に輸出しても同業他社より安かった。これは一時、「ダンピング合戦」まで引き起こしたが、その戦いに勝利した青山グループは一気にステンレス鋼業界のトップに上り詰めた。

現在、青山グループのステンレス鋼生産能力の3分の1がインドネシアにある。19年7月に項光達は、青山グループが2つの工業団地にすでに80億ドル（約9200億円）を投資しており、将来的には総額150億ドル（約1兆7400億円）を超える投資計画を立てていることを明らかにしている。

18年以降、自動車産業のEVシフトが加速したのに伴って、リチウム、コバルト、ニッケルなどの車載電池の原材料は、資源市場の新星として一気に注目を集めた。ニッケルは車載電池のエネルギー密度を高めることができる。ニッケル含有率が高いリチウムイオン電池は、現在多くのEVで使われている。

業界では、21年以降にニッケルが供給不足に陥ることがしばしば懸念された。米テスラのイーロン・マスクCEO（最高経営責任者）は同年2月に、「ニッケルのことを考えると、気が気でならない」と発言。EVに搭載する電池をNMC（ニッケル・マンガン・コバルト）正極材電池からリン酸鉄リチウムイオン電池に移行させる計画を明らかにしたほどだ。

このニッケルの構造的な不足を背景に、青山グループは巨額の投資計画を立てた。多くの中国の鉱山企業と電池原料メーカーをインドネシアのニッケル工業団地に相次ぎ誘致している。同社幹部によると、21年の青山グループのニッケル生産量は約60万トンで、世界シェアの約23％を占めたという。

青山グループが〝自信満々〟に大口ショートポジションを持つのは必然だった。なぜなら同社は毎年数十万トンのニッケル原料を生産しており、カラ売りで（価格下落時の）リスクヘッジを図る必要があったためである。さらに、数カ月後に同社の開発した（リチウムイオン電池の原料となる）ニッケルマットの新製品が量産されるようになるため、業界全体の価格水準が下落すると項光達は判断していた。

しかし、戦争という「ブラックスワン」が飛来し、青山グループに悪夢が訪れる。ロシア・ウクライナ戦争勃発後、欧州と米国はロシアに対する経済制裁を矢継ぎ早に打ち出した。

世界最大のニッケル生産会社であるロシアのノリリスク・ニッケルは、21年にロシアとフィンランドの両国で世界総生産高の約15％に相当する16・5万トンのニッケルを生産し、LMEの重要な供給元となっている。

実は青山グループがステンレス鋼向けに生産するフェロニッケルとニッケルマットは、いずれもLMEの受け渡しに使える電気ニッケルではない。このミスマッチに潜んでいる致命的な欠陥に複数の投機筋が気づき、勝負に出たのだ。

ロシア制裁懸念が導火線

財新が得た情報によると、投機筋たちは少なくとも22年1月から徐々に市場でロングポジション（信用買い）を入れ始めていた。ロシアのウクライナ侵攻後、投機筋は「ニッケルの現物が不足し、ショート側は短期間に十分な調達ができないだろう」という観測を強めた。

そこに「ロシア産ニッケルにも制裁が及ぶのでは」という市場の懸念が導火線となり、投機筋が一気に市場になだれ込んだ。その結果、3月8日に買いが殺到し、ニッケル価格が急激に上昇したのだ。

財新は複数の業界関係者から、青山グループが今回のゲームにおける主要なショートポジション保有者であることを突き止めた。青山グループのある内部関係者は8日朝、財新の取材に対し、「会議でひたすらこの問題についての対策を議論している」ことを認めた。

その後、内部関係者はＬＭＥニッケル事件が勃発したときの様子について「今回の損失は悲惨だった」と振り返っている。

一方、「ロング側の主力はスイスの資源商社であるグレンコアだ」という噂が市場に広まった。

しかし、グレンコアは財新の取材に対し、「その噂は事実ではない」と否定した。一部の市場参加者は、「(今回の投機的な行動は)グレンコアの経営スタイルとリスク管理基準に適合しない」と分析している。

青山グループのショートポジション保有が市場で目立ったため、一部の投機マネーを引きつけた可能性がある。

市場が弱気と確信していた青山グループは、LMEから提案された「ショート側とロング側の交渉による双方のポジション解消案」に前向きではなかった。手元のニッケル在庫が不足しているにもかかわらず、賭けを続けることにこだわった。

結果、青山グループと、その背後にいるブローカーや金融機関は追加証拠金の請求や、ポジションがすべて吹き飛ぶリスクにさらされ、流動性が枯渇してしまった。最終的にLMEが介入し、売買停止を余儀なくされた。

ＬＭＥニッケルの売買停止後、市場は瞬く間に価格のベンチマークを失い、ニッケルの産業サプライチェーンはほぼ停止状態に陥った。

３月16日の取引再開後、ＬＭＥニッケルは４日連続のストップ安となったが、３月22日には取引量が激増し、ロング側とショート側は激しい駆け引きを見せた。３月23～24日に今度は連続15％のストップ高に迫り、その後、高止まりの状態が続いている（ＬＭＥニッケルの価格は４月以降、１トン当たり３万ドル台で推移していたが、５月以降、中国の新型コロナウイルスの感染再燃で２・８万ドル程度まで下落している）。

リスクは先送りされた

危機は去ったのか。取引再開後、ＬＭＥニッケルの価格はピーク時から下落したため、青山グループの帳簿上の損失はかなり減少した。

３月下旬時点で、ショートポジションを15万トンまでに減らし、さらにほとんどの契約を数カ月後に延期させたため、今回のLMEニッケル事件のリスクはひとまず緩和されたとみられている。

しかし、ニッケル価格は依然、青山グループがポジションを建てた際の価格を上回っている。さらに今回の救済策でかなりの財務的コストを支払うことになるため、大幅な損失計上は避けられないとの見方が市場関係者の間では大勢だ。

規制当局に近い専門家は、「リスクが先送りされただけで問題はまだ残っている。国際情勢が不安定で市場のリスクが高い中、安易に時間稼ぎに賭けてはいけない」と語る。

今回のLMEニッケル事件で引き金の1つとなったロシア産ニッケルは、LMEの取引から排除されていない。

LMEは3月22日、「ロシアとベラルーシの一部企業がSWIFT（国際銀行間通信協会）の決済網から追い出されたが、LME市場とその在庫には直接影響を与えることはない」と強調した。

一部の会員から制裁を求める声が上がったものの、今のところLMEはロシア製のニッケルとアルミニウムを除外する意向はないとしている。
「中国企業がロシア産のニッケルを引き受ける」という市場の噂について、非鉄金属業界の情報会社・融智非鉄の創立者である高承君は財新の取材に対して以下のようにコメントしている。
「輸入は認められたものの、物流や輸送、決済などにおける障壁はまだクリアされておらず、近い将来においてはロシア産ニッケルの輸入は難しい。市場は均衡点を見つけるまでの間、ロング側とショート側の駆け引きが続くであろう」

（財新記者：盧羽桐、羅国平、岳躍、王石玉）

『財新周刊』3月28日号から抄訳

【週刊東洋経済】

本書は、東洋経済新報社『週刊東洋経済』2022年5月28日号より抜粋、加筆修正のうえ制作しています。この記事が完全収録された底本をはじめ、雑誌バックナンバーは小社ホームページからもお求めいただけます。

小社では、『週刊東洋経済 eビジネス新書』シリーズをはじめ、このほかにも多数の電子書籍ラインナップをそろえております。ぜひストアにて**「東洋経済」で検索**してみてください。

『週刊東洋経済 eビジネス新書』シリーズ

No.394　すごいベンチャー2021〔前編〕
No.395　すごいベンチャー2021〔後編〕
No.396　米国株 超入門
No.397　ビジネスと人権
No.398　無敵の話し方

No.399　ＥＶ　産業革命
No.400　実家のしまい方
No.401　みずほ　解けない呪縛
No.402　私大トップ校　次の戦略
No.403　ニッポン再生　７つの論点
No.404　マンション管理
No.405　学び直しの「近現代史」
No.406　電池　世界争奪戦
No.407　定年格差　シニアの働き方
No.408　今を語る１６の視点　２０２２
No.409　狙われる富裕層
No.410　ライフシフト超入門
No.411　企業価値の新常識
No.412　暗号資産＆ＮＦＴ

No.413　ゼネコン激動期
No.414　病院サバイバル
No.415　生保　最新事情
No.416　M&Aマフィア
No.417　工場が消える
No.418　経済超入門　2022
No.419　東証　沈没
No.420　テクノロジーの未来地図
No.421　年金の新常識
No.422　先を知るための読書案内
No.423　欧州動乱史
No.424　物流ドライバーが消える日

週刊東洋経済eビジネス新書　No.425
エネルギー戦争

【本誌（底本）】
編集局　岡田広行、秦　卓弥、井艸恵美
デザイン　杉山未記、熊谷直美
進行管理　三隅多香子
発行日　2022年5月28日

【電子版】
編集制作　塚田由紀夫、長谷川　隆
デザイン　大村善久
制作協力　丸井工文社
発行日　2023年6月8日　Ver.1

発行所　〒103-8345
東京都中央区日本橋本石町1-2-1
東洋経済新報社
電話　東洋経済カスタマーセンター
03（6386）1040
https://toyokeizai.net/
発行人　田北浩章

電子書籍化に際しては、仕様上の都合などにより適宜編集を加えています。登場人物に関する情報、価格、為替レートなどは、特に記載のない限り底本編集当時のものです。一部の漢字を簡易慣用字体やかなで表記している場合があります。本書は縦書きでレイアウトしています。ご覧になる機種により表示に差が生じることがあります。

※本刊行物は、電子書籍版に基づいてプリントオンデマンド版として作成されたものです。